삶이란 꿈에서 깨어나다

임모틀맨 II

네빌고다드 지음

서른세개의 계단

펴낸곳 서른세개의 계단

사색에만 빠진 철학은 삶과의 괴리를 만들고, 현실의 이익에
만 눈을 돌린 자기계발은 삶의 의미를 잃고 방황하게 만듭니다.
그래서 실천적인 형이상학, 즉 현실에 도움이 되면서 삶의 의미
를 명확하게 할 수 있는 책을 발간하고자 하는 것이 서른세개의
계단 출판사의 목표입니다. 계속 좋은 책을 발간하도록 노력하
겠습니다.

나에게 주어진 유일한 과업은

나의 관념을 고귀하고 위대한 것으로 채우는 것뿐이다

네빌 고다드

네빌고다드의 삶

요약

네빌 고다드(Neville Goddard, 1905년 ~ 1972년)는 영국령 서인도 제도 출생의 형이상학자이자 강연자이다. 현재의 수수께끼로 대두되는 끌어당김의 법칙을 1930년대에 강연했다.

생애

서인도제도의 바베이도스에서 1905년 9남 1녀 중 넷째로 태어났다. 17살이 되던 해 드라마를 배우기 위해 미국으로 건너간다. 댄서생활을 하던 중 친구가 소개해준 책을 통해 형이상학을 접한다. 형이상학에 대한 관심이 높아가던 중 당시 카발라, 성경의 비의적 해석, 히브리어, 상상의 법칙에 대해 강연하던 에티오피아 랍비인 압둘라를 만나게 된다. 그의 강의에 매료된 네빌고다드는 7년 동안 매일 그에게 '법칙'에 관한 것들을 배운다. 그 후 자신이 깨달은 것과 경험한 것을 로스앤젤레스, 뉴욕, 샌프란시스코를 중심으로 미국 전역에 강연을 한다. 생소했던 강의는 점차 사람들의 눈길을 끌어, 만원사례를 이루게 된다.

법칙

그의 초반 강의의 핵심은 '상상이 현실을 창조한다'는 것이다. 이것을 법칙이라고 말한다. 압둘라는 네빌에게 두 번의 죽음이 올 것이라고 예언했는데, 여기서 죽음이란 과거의 시야에서 벗어나 완전히 새로운 시야를 갖게 되는 경험을 상징적으로 표현한 단어이다. 첫 번째 죽음은 그가 뉴욕에서 바베이도스에 가고 싶다는 소망이 생겼을 때이다. 그는 자신의 상상력을 사용해 소망을 현실로 만들어내는 첫 번째 경험을 하게 된다. 이로써 상상이 현실을 창조한다는 확신을 갖게 되면서 세상을 바라보는 시야가 뒤바뀌게 된다. 압둘라가 세상을 떠난 후 네빌은 그가 압둘라에게 배웠던 '법칙'을 미국 전역에 강의한다. 그러던 중 그는 압둘라가 예언했던 또 한 번의 상징적인 죽음을 맞이하게 된다. 그것은 약속이다.

약속

네빌은 1959년부터 1260일에 걸쳐 일정한 내면의 경험을 갖는다. 그것은 자신 안에서 또 하나의 자아가 깨어나는 신비적이면서 상징적인 경험이었다. 그는 이렇게 말했다.

"나는 이것을 경험하기 전까지는 그 누구에게서 들어본 적도 없었습니다. 이 경험은 그 해 여름에 시작되어 3년 반 동안 진행되었습니다."

이 경험을 겪은 후 1960년도와 1970년도의 강연에서는 법칙보다 약속을 더 강조했다.

"당신은 상상의 힘을 이용해서 자신의 환경을 바꿀 수 있습니다. 하지만 그것은 영원하지 않습니다. 당신은 상상력을 이용해서, 큰 부를 얻거나, 유명해지거나, 이런 일들을 할 수 있습니다. 하지만 당신이란 존재의 진짜 목적은 단지 이것만이 아닙니다. 바로 약속을 성취하는 것입니다."

삶과 죽음에 대한 관점

그는 죽음에 대해 이렇게 말했다. "당신은 문을 열고 새로운 곳으로 가게 됩니다. 우린 그 문을 죽음이라고 말합니다. 죽음은 단지 그뿐입니다. 우리가 죽은 즉시, 다시 이 세상처럼 회복됩니다. 지금 이 땅에서 가졌던 것과 같은 문제를 지니면서 그 세상에서도 우리의 정체성을 이어가게 됩니다. 그곳에서도 성장하고, 결혼하고, 이곳에서 지녔던 죽음에 대한 공포도 똑같이 지닌 채 죽습니다. 만약 약속을 경험하지 못한 채 죽음을 겪게 된다면 자신의 과업을 가장 잘 성취할 수 있는 장소를 골라, 그곳에서 태어나 죽고, 태어나 죽고를 반복합니다. 그러다가 결국 당신 안에 그리스도가 생겨나면 그때 당신은 부활의 아들이 되어 더 이상은 이 죽음의 세상에 돌아오지 않습니다."

그는 자신이 죽기 전 강의에서 이렇게 말했다. "제게 주어진 시간이 짧다는 것을 전 압니다. 전 이 땅에서 제게 주어진 일들을 다 마쳤기 때문에 이곳을 떠나기를 열렬히 바라고 있습니다. 약속은 이미 제게서 이루어졌기에 전 이 3차원의 세상으로 다시 돌아오지는 않을 것입니다. 하지만 제가 어디에 있든, 저는 지금 이곳에서 여러분들을 알아보는 것처럼 그곳에서도 여러분들을 알아볼 것입니다. 왜냐하면 우리는 사랑이란 무한한 끈 안에 묶여 있는, 하나의 형제이기 때문입니다."
네빌은 1972년 10월 1일에 67세의 나이로 이 땅의 삶을 마쳤다. 압둘라의 또 다른 제자였던 조셉머피는 네빌에 대해 이렇게 말했다.
"결국 세상 사람들은 네빌을 가장 위대한 신비가로 인식하게 될 날이 오게 될 것입니다."

역자 서문

작은 구원, 큰 구원

우리가 원하는 것은 명확합니다. 행복입니다. 우리가 어느 정도 생활의 안정을 원하는데 그것에 못 미친 생활을 하고 있다면 우리는 행복하지 않습니다. 그러다가 우리가 원하는 것을 얻게 되었을 때 우리는 일시적으로 구원받는 느낌을 받습니다. 안도의 느낌, 후련한 느낌입니다.

물론 우리의 욕망을 버리거나 줄일 때도 원하는 것과 현실의 차이가 줄어들어 행복하고 평온한 느낌을 받기 때문에 많은 책에서는 그것에 대해 이야기합니다. 하지만 네빌고다드는 우리에게 의식의 힘과 의식이란 무엇인지에 대한 진리를 전하고자 한 분이었기 때문에 의식을 이용해서 어떻게 외부를 조절할 수 있는지에 대해 가르쳤습니다. 그래서 의식을 잘 조절하면 그 거대한 힘으로 인해 우리가 원하는 것을 얻게 됩니다.

이것은 실로 구원이고, 이것을 가져다준 무언가는 구원자라고 말할 수 있습니다. 작은 구원이고, 네빌고다드는 이렇게 삶에서 구원을 얻게 하는 것을 법칙이라 불렀습니다.

하지만 인간에게는 어쩔 수 없는 운명이 있는데, 그것은 늙고

병들고 죽는다는 것입니다. 그래서 작은 구원만으로는 만족할 수 없습니다. 우리가 그렇게 사랑하는 가족을 만들고 사랑하는 관계를 얻고 풍요로운 삶을 살았다고 하여도 언젠가는 이것들을 다 두고 떠나야 합니다. 물질적인 것은 언젠가는 다 놓아버려야 하는 일시적인 것들입니다. 이런 일시적인 것에서 구원해주는 궁극적 구원이 바로 약속이고, 네빌고다드는 불멸의 시야를 얻는 것이라고도 말했습니다.

불멸의 자아에 대한 앎

우리 안에는 불멸의 자아가 있다고 합니다. 물론 우리는 지금 '나'라고 할 때 전혀 그 불멸의 자아에 대해서는 인식하지 못하고, 어머니의 뱃속에서 태어나 일정한 교육을 받고 자란 눈코입이 달린 것만을 나로 여깁니다. 하지만 네빌고다드는 '불멸의 자아'에 대해 말합니다.

육신이 어떤 일을 당해 당장 숨이 멎고 죽더라도, 이 육신의 죽음과는 관계없이 여전히 삶을 계속 이어가는 존재가 있고, 심지어는 이 우주가 폭발해도 조금의 영향도 받지 않고 생명을 이어가고 있는 존재가 있는데, 그것이 바로 나의 참자아, IAM이라고 합니다.

태어난 적도 없고, 죽지도 않는 참된 '나'입니다.

하지만 지금의 나는 육신의 시선에만 속박되어 있기에 불멸의 자아를 인식하지 못합니다. 이 불멸의 시야를 얻게 되는 과정이 약속의 과정입니다. 모든 고통과 모든 제약으로부터 해방되는 진정한 구원을 얻는 과정입니다.

삶은 마음을 쓰는 생활

우리의 삶이란 것은 계속해서 마음을 쓰는 시간들입니다. 우리가 바라는 것을 이루는 것도 마음을 쓰는 것이며, 우리가 어떤 고통을 겪고 있는 것도 마음으로 겪는 것이며, 어떤 문제를 해결하는 것도 마음을 쓰는 것입니다. 사람들과의 관계에서도 계속해서 마음을 사용합니다.

하지만 학교에서는 마음 쓰는 법을 가르치진 않습니다. 어렸을 때부터 부모님이나 선생님도 "이것 하지 말라.""저것 하지 말라."식의 말은 많이 하지만 우리가 어떻게 마음을 써야 옳은 것을 하고, 옳지 않은 것을 안 할 수 있는지에 대해서는 가르치지 않습니다. 우리는 정작 가장 중요한 것인, 마음 쓰는 법을 배우지 못한 채 삶의 한 가운데에 있는 중입니다. 마치 운전면허 없이 고속도로 한가운데에 있는 것과 같습니다.

네빌고다드는 우리가 어떻게 마음을 써야 하는지에 대한 길을 제시해 줍니다. 실패를 겪고 있다면 마음을 어떻게 써야 하며,

누군가가 나에게 어떤 상처 주는 말을 하면 어떻게 마음을 써야 하며, 원망이란 감정에 사로잡혀 있다면 어떻게 마음을 써야 하며, 원하는 것이 있을 때는 어떻게 마음가짐을 가져야 하며, 우리가 죽음에 대해서는 어떻게 마음자세를 취해야 하며, 떠나가는 것에 대해서는 또 어떻게 마음가짐을 가져야 하는지. 그리고 우리가 삶이란 것을 어떤 관점에서 바라봐야 하는지 가르칩니다.

가장 실용적인 형이상학

이런 관점에서 네빌고다드의 강의는 제가 생각하는 한, 삶에서 가장 실용적인 것을 가르치는 책입니다. 우리 삶이 마음 쓰는 생활이 전부라면, 마음 쓰는 법을 배우고 실천해 보는 것이 가장 중요한 일이 아닐까 합니다.

이 책을 읽으시는 분들과 함께 네빌고다드의 강의를 같이 실천해나가면서 삶에서 많은 유익함을 얻었으면 합니다.

옮긴이 이상민

CONTENTS

하느님이 다른 필멸의 동물에게는 주지 않고 오직 인간에게만 준 두 가지 선물이 있다. 이 두 가지 선물은 마음과 말이다. 마음과 말이라는 선물은 가장 중요하고, 불멸성과 같다. 만일 이것들이 올바르게 사용된다면 인간은 신과 조금도 다르지 않을 것이다. 그리고 이 두 가지는 인간이 몸을 떠나게 될 때 그들의 안내인이 되어, 축복을 얻었던 신들과 영혼들이 모여 있는 극단으로 인도한다.

　[헤르메티카]

우리의 내면에서는 매순간 대화가 진행되고 있습니다. 여러분은 어떤 말을 하고 있습니까? 당신의 이 거대한 세상은 이 내면대화가 밖으로 펼쳐진 것이기에 내면을 잘 관찰해보고, 무슨 말을 하고 있는지 주의 깊게 살피세요. 그래서 이 대화를 바꾸는 단순한 행위로 당신의 세상을 바꿀 수 있습니다. 내면에서 이루어지고 있는 대화가 바로 당신의 본성입니다.

　[네빌고다드]

우리가 진리를 듣는 자를 넘어서,

이 삶 한 가운데에서 진실로 진리를 실천하는 자가 되어야만 합니다

IMMORTAL MAN
II

NEVILLE GODDARD

Imagination Begets The Event
강렬한 상상이 사건을 낳는다

당신이 겪고 있는 것은 삶이란 꿈입니다.

당신이 지금 삶이란 꿈을 꾸고 있다는 것을 알아차릴수록,

당신은 점차 삶이란 꿈에서 깨어나게 될 겁니다.

그런데 당신이 밤에 꿈을 꾸고 있을 때

지금 꿈꾼다는 것을 알아차리고는 깨어나지 않기로 마음먹었다면

당신은 꿈을 조절하면서 원하는 방향으로

꿈을 만들어갈 수 있습니다.

이 삶이란 꿈에도 똑같이 적용됩니다.

성경을 믿는다는 것은 하느님을 구원자로서 믿는다는 것입니다. 그런데 성경에서 말하는 하느님은 당신의 경이로운 인간의 상상력입니다. 당신의 상상력이 하느님이자, 불멸하는 당신이며, 신성한 몸인 예수입니다.

상상력은 어떤 모호한 것이 아니라 사람을 말합니다. 이 사람

은 예수를 말하며, 당신 안에서 경이로운 상상력으로 존재합니다.

지난 주 타임지에서 기사 하나를 읽었습니다. 조셉 챔벌린 윌슨이 새제품을 선보이면서, "강한 상상력이 사건을 낳는다."라고 말했습니다. 이것에 대한 이야기를 들려드리겠습니다.

그는 1946년, 36세의 나이에 아버지의 사업을 물려받아 사진 복사를 주업무로 하는 할로이드 회사(Halloid Company)의 대표가 되었습니다. 전쟁이 끝나 대량주문이 점차 줄어들기 시작하자, 다른 돌파구를 찾아야만 했습니다.

한 친구가 발명품을 하나 보여주며 자세히 검토해보자고 했는데 그것은1930년대에 나왔지만 아직 상업화되지 못했던 것이었습니다. 이 발명품은 IBM에 제안되었다가 거절되기도 하였고, 코닥 역시 거절한 것이었습니다. 하지만 챔벌린이 이것을 자세히 살펴봤을 때 그의 눈에는 유독 많은 장점들이 보였습니다.

그날 이후 12년에 걸쳐 그는 단지 상상하고 결과에 살았습니다. 당연히 계속해서 이 발명품에 돈을 투자했습니다. 12년 동안 돈이 생기면 투자하고, 그뿐 아니라 빌릴 수 있는 모든 돈을 그곳에 넣었습니다. 기계를 완성하는 데에 무려 7천 5백만 달러가 투자됐습니다. 심지어 그는 월급 대신 주식을 받았고 간부들마저 주식을 받으라고 설득했습니다. 1960년 드디어 이 기계가 세상에 첫 선을 보였습니다. 이 기계는 바로 제록스였습니다. 제로스 덕분에 그를 포함한 300명 남짓한 사람들이 백만장자가 되었습니다. 오늘 날 연간 17억 달러를 벌고 있습니다.

전 하느님을 어떤 모호한 존재가 아닌 인간으로 믿고 있습니다. 전 인간입니다. 전 상상력을 말할 때 그걸 외부의 어떤 것으로 말하지 않습니다. 제 상상력은 제 존재 자체입니다.

인간은 오직 상상력일 뿐입니다. 그리고 하느님은 인간이고 우리 안에 있으며, 우리도 그분 안에 있습니다. 인간의 불멸의 몸은 상상력이고, 그것이 하느님 그분입니다. 우리가 주 예수라 부르는 이 신성한 몸은 육신이란 겉옷 안에 묻혀 있습니다. 우리 모두가 바라는 것은 이 안에 묻혀 있는 인간의 상상력이 온전하면서도 완전하게 깨어나는 것입니다. 제가 생명에 대해 갖고 있는 개념들은 모두 이 하느님을 토대로 하고 있습니다.

"예수 그리스도가 그대 안에 있다는 것을 깨닫지 못했나? 그러지 못했다면 그대는 시험에 통과하지 못했더라. 자신을 시험해보라. 그래서 믿음을 지키고 있는지 확인해보라." 우리는 정말 예수 그리스도가 우리 안에 있다는 것을 믿고 있는 것일까요? 만일 그랬다면 우리는 그분이 어디에 있는지, 그분이 누구인지 알아볼 것입니다.

전 그분이 누구인지 알아냈습니다. 왜냐하면 그분에 의해서 좋은 것이든 나쁜 것이든 이도 저도 아닌 것이든 모든 것이 만들어졌기 때문입니다. 그분이 내 안에 있기 때문에 그분을 알기 위해 내가 무엇을 하고 있는지를 관찰해야만 합니다. 그래서 내 세상에서 모든 것을 만들고 있는 그분이 누구인지를 찾아내야만 합니다. 전 그분이 제 안에서 하나의 꿈을 꾸고 있는, 꿈꾸는 자임을 알아냈습니다. 그 존재는 바로 하느님입니다.

그 존재는 제가 건너게 될 사건의 다리를 만들어서 아침이면 눈깜짝할 사이에 저를 깊고 깊은 잠에서부터 표면 마음으로 데려옵니다. 오직 장엄한 마법적 존재만이 이런 일을 할 수 있을 뿐입니다. 그분은 저의 백일몽을 만드는 바로 그 꿈꾸는 자입니다. 조셉 챔벌린 윌슨이란 남자를 두르고 있는 꿈꾸는 자는 많은 거물들이 퇴짜를 놓았던 기계를 가지고 와서 믿음을 갖게 했습니다. 그는 자신이 상상하는 것에 믿음을 가졌습니다. 바로 이것이 이 기사의 비하인드 스토리입니다. 여러분도 이 사람처럼 계속 일관된 태도를 지닐 수 있다면 세상의 어떤 목표도 실현시킬 수 있습니다.

강렬한 상상이 사건을 낳습니다. 지금 바로 시작할 수 있습니다. 하느님이 누구인지 알고 있다면 언제 시작하든 늦지 않습니다. 하느님은 당신의 경이로운 상상력입니다.

직접 시험해보길 바랍니다. 믿음을 갖고 있는지 확인해보세요. 제가 예수 그리스도라는 단어를 썼을 때, 혹은 하느님, 주, 여호와라는 단어를 썼을 때 이 의미가 당신 외부에 있는 어떤 존재처럼 느껴졌다면 당신은 시험에서 탈락한 것입니다. 주, 하느님, 여호와는 당신의 상상력이고, 그것이 예수 그리스도입니다.

성경의 꿈꾸는 자는 누구입니까? 그의 이름은 요셉입니다. 창세기 37장을 읽어보십시오. 굉장히 아름다운 구절입니다. 야곱의 가족에 대한 역사로 이야기는 시작됩니다. 야곱은 주와 성공적으로 레슬링을 마친 후 이름이 '찬탈자'를 뜻하던 야곱에서 '하느님으로서 다스리는 자'란 의미의 이스라엘로 바뀝니다. 여러 신들 중 한 명이 아닌, 유일한 하느님으로서 말입니다.

이스라엘은 늦은 나이에 얻은 요셉을 다른 자식들보다 더 좋아했습니다.

나중에 모세는 요셉의 이름을 여호수아로 바꿨습니다. 여호수아는 예수를 히브리어 형태로 나타낸 말입니다. 예수는 '여호와가 구원이다.'라는 뜻입니다. (예수와 여호수아의 어원은 Yad He Vau) 요셉의 이름은 이제 여호수아입니다. 다시 말해 예수입니다.

그가 꿈 하나를 꿔서 그것을 해석하자 형제들의 미움을 받게 됩니다. 그래서 두번째 꿈을 꿨을 때는 누구에게도 말하지 않았습니다. 왜냐하면 꿈에서 해와 달과 11개의 별들이 자신을 경배했고, 이것은 자신의 아버지와 형제들이 주님이 된 자신을 통치자로서 경배한다는 것을 의미했기 때문입니다.

그 후에 여호수아가 나타났을 때 형제들은 "보라, 이 꿈꾸는 자가 오고 있다."라고 말하며 그를 노예로 팔아버렸습니다. 신약에서도 같은 이야기가 변형된 채로 나옵니다. "예수는 스스로 노예 모습을 하고 심지어 십자가 위의 죽음일지라도 순종하였더라."

우리가 입고 있는 이 몸, 이것이 십자가입니다. 이 몸은 노예의 겉옷, 망각의 겉옷입니다. 내가 이 노예의 형태를 입었을 때 내가 누구인지 완전히 잊었습니다. 누가 이 노예의 형태를 취했나요? 꿈꾸는 자입니다. 그러면 꿈꾸는 자는 누구입니까? 여호수아입니다. 여호수아는 누구입니까? 예수입니다. 예수는 누구입니까? 주 하느님 여호와, 당신의 경이로운 상상력입니다.

하느님은 모든 일을 할 수 있다고 합니다. 그래서 바울이 디모데후서에서 자신이 믿고 있는 것을 말하는 부분을 한번 주의 깊게 읽어 보시기 바랍니다. 그는 "나는 내가 믿고 있었던 사람이 누구인지를 안다."고 말했습니다. 믿고 있던 '것'이 아닙니다. 일반적으로 사람들은 "나는 이걸 믿어, 저걸 믿어"라는 식의 내가 믿고 있는 것이 무엇인지를 안다고 말할 겁니다. 그런데 이건 단지 신학일 뿐이고, 외부 세상의 외부적 의례일 뿐이기에, 바울이 말하려던 것이 아닙니다. 바울은 "내가 믿었던 사람이 누구인지를 안다."고 말했습니다. 디모데서를 펼쳐 읽어보십시오. "네가 내게서 들었던 진실한 말씀의 본을 따르라. 우리 안에 거하는 성령이 당신에게 맡긴 진리를 지켜라."

그분은 우리 안에 거합니다. 그분은 성스러운 자이며, 당신이란 꿈을 꾸는, 꿈꾸는 자입니다. 그분은 당신이 선한 의지를 내는 순간뿐만 아니라 악한 의지를 낼 때조차도 신속히 당신의 명령을 이행합니다. 정말 어떤 의지를 내든 문제 삼지 않습니다. 그래서 그분에게서 선도 악도 모두 나옵니다. 이사야 45장입니다. 귀 기울여 잘 들어보십시오. "나는 빛을 만들고 나는 어둠을 창조한다. 나는 행복을 만들며 나는 슬픔도 만든다. 주님인 나는 이런 것들 모두를 한다."

그렇습니다. 좋은 것도, 나쁜 것도, 내가 상상한 것이라면 가리지 않고 모두 나로부터 생겨납니다. 무엇이라도 상상해보십시오. 그러면 상상한 것은 당신 세상 안으로 들어와 공간이라는 장막에 모습을 투영시켜, 당신이 지닌 창조력에 대한 증거를 보여줄 겁니다. 당신은 이 일을 아침, 점심, 저녁으로 계속해서 하는 중입니다.

당신이 지금 어떤 상상을 하고 있는지 살펴보십시오. 그것은 하느님의 활동입니다. 당신이 상상하는 것처럼 당신의 삶도 그렇게 될 겁니다. 지금 당신의 모습이 아닌, 다른 모습이 되고 싶나요? 하느님이 누구인지만 안다면 그렇게 될 수 있습니다. 왜냐하면 그분에 의해서 모든 것이 지어졌고, 그분이 아니라면 어떤 것도 지어지지 않았을 것이기 때문입니다.

여기에 비밀이 있습니다. 우리의 이 멋진 세상은 그저 욕망을 달래는 것에 지나지 않습니다. 만일 당신이 누구인지 안다면 당신은 어떤 상태라도 들어가 그곳에서 바라볼 수 있습니다. 이 상태들은 순전히 일정한 욕망을 만족시켜주는 수단들일 뿐입니다.

당신의 세상이 어떤 모습이기를 바랍니까? 정말 당신이 원하는 그런 모습으로 세상을 상상해보세요. 무엇을 원하는지 정확히 알아야 합니다. 자, 결핍 속에서 원하기만 하던 행위를 그만두고, 이제는 그것을 마음속에서 차지하십시오. 이미 원하는 것이 이루어진 상태가 진실이라고 상상하기 시작하십시오. 이건 당신의 객관적인 희망을 주관적인(내면의) 세상에서 소유해보는 겁니다.

당신은 그것이 현실이 되기를 바랍니다. 그러면 그것이 사실인 것처럼 내면 세상으로 가져와서 사용해야 합니다. 제가 차지해서 사용하는 것은 무엇인가요? 바깥세상의 소망입니다. 바깥세상을 변화시키기 위해서는 내면의 활동이 우선 변해야만 합니다. 세상의 모든 결과들은 그것의 원인이 될 상상의 활동을 필요로 합니다. 결과들을 만드는 것은 당신 주변의 것들이 아닙니다. 눈에 보이지 않는 상상의 활동이 당신 세상의 모든 것을 만들어냅니다. 우리가 바깥세상의 원인이라고 말하는 것들은 우리의 빈약한 기억에 기반한 미혹의 그림자일 뿐입니다.

목표하는 것이 있다면 당신은 그것을 이룰 수 있습니다. 상상력이 하느님이고, 이 외에 다른 하느님이란 없기 때문에 당신의 경이로운 상상력을 이용해서 목표를 이룰 수 있습니다. 하느님은 사람이고, 그 사람이 당신의 참된 실체입니다. 불멸하는 그 실체는 당신의 경이로운 상상력입니다. 당신이 바로 지금 여기서 쓰러진다 해도 육신만 쓰러질 뿐 그 안의 존재는 살아남습니다. 이 세상과 비슷한 세상에서 생명을 회복합니다. 하지만 여전히 지금처럼 깨어나지는 못한 존재로 말이죠. 이 삶이란 꿈에서 깨어나게 될 존재는 당신 안에 있는 주 예수입니다. 그분이 깨어날 때, 그분은 바로 하느님인 것입니다.

결말에서부터 생각하기가 모든 것의 비밀입니다. 언제나 결말에 가 있으세요. 우리는 증거들이 나오기 전에 항상 상상하고 있습니다. 우리 안에 가장 창조적인 것이 있다면 그것은 어떤 것이 있다 상상하고 믿는 능력입니다.

로마서 4장 17절에는 이런 구절이 있습니다. "하느님께서 보이지 않는 것을 마치 보이는 것처럼 부르시더라. 그러자 보이지 않던 것이 모습을 나타내게 되었다."

유한한 시야로는 당신이 원하는 모습이 된 것을 볼 수 없습니다. 하지만 상상의 눈으로는 당신이 이미 그런 사람이라는 믿음을 지닌 채 걸어갈 수 있습니다. 당신이 믿음 속에서 나아가고 있는지 아닌지를 어떻게 알 수 있을까요? 친구들을 떠올려 보세요. 마음의 눈에서 친구들이 당신을 보게 하고는 그들이 무슨 말을 하는지 들어보세요. 만일 그들이 "내가 알았던 저 친구는 옛날에는~" 이런 식으로 말한다면 당신은 그들이 예전에 알던 모습이 아니란 뜻입니다.

당신에게 새로운 사람이라는 옷을 입히고, 마치 그것이 실제인 것처럼 걸어나가십시오. 이것이 성공의 비결입니다.

셰익스피어는 이것을 매우 아름다운 언어로 표현했습니다. "태초의 상태부터 이런 가르침이 있었지. 지금의 그는 그가 이 모습이 될 때까지는 그저 소망이었다고." 인간이 신이 될 때까지 우리는 인간인 채로 남아 있게 됩니다. 그것이 이 이야기입니다. 신들은 인간들이 됩니다. "남자와 여자는, 그분이 만들었더라." 그리고 오직 상상력일 뿐인 인간이 하느님이 되어 깨어날 때까지 그분은 인간으로 남아 있습니다.

자신에 대해서, 혹은 친구들에 대해서 우리가 지닐 수 있는 가장 고귀한 관념을 품어보세요. 그리고 그렇게 품은 고귀한 모습들이 사실이라고 담대하게 받아들이세요. 이 가정 속에서 마치 사실인 것처럼 걸어 나가세요. 물론 이렇게 하면 당신의 이성과 감각은 그건 사실이 아니라고 말할 겁니다. 하지만 계속 사실이라고 고집하세요. 그러면 가정한 것이 현실이란 곳으로 단단하게 굳어질 것입니다.

이것이 성경에서 가르치고 있는 것입니다. 하지만 신학적 교리, 형식적 의례들, 교회의 관행들로 인하여 우리는 아주 먼 곳까지 길을 잘못 들었습니다. 그건 참된 종교가 아닙니다. 성경에서 가르치는 것이 아닙니다. 다시 한 번 잘 읽어보기 바랍니다.

성경은 구원의 이야기입니다. 창세기에서는 "야곱의 가족 역사에 대해 너에게 말해주겠다."라고 하면서 자신이 요셉을 다른 아이들보다 얼마나 더 사랑했는지, 그래서 그에게 소매가 달린 길고 멋진 의복을 만들어주었는지에 대해서 말합니다.

당신도 언젠가 제가 왜 소매 이야기를 하는지 알게 될 겁니다. 소매가 잘려 나갔을 때 주의 권능과 힘이 드러나게 됩니다. 이 일은 당신이 위로부터 태어났을 때 겪게 됩니다. 하느님이 다양한 색깔의 의복을 만들었다고 합니다. 그때 벗겨진 소매는 가장 아름다운 연푸른색 빛을 띱니다. 권능을 가진 듯한 분이 소매를 잘라냅니다. 여러분도 이 말을 들어봤을 겁니다. "누가 내 소식을 믿었던가, 주의 팔이 누구를 향해 나타났는가?"

누구의 팔이 드러났습니까? 주, 그분의 팔입니다. 이것들 모두가 당신이 지닌 하느님에 대한 앎에 더해집니다. 하느님을 외부어디선가 발견하는 것이 아니라, 당신 자신인 그분을 발견하게될 겁니다. 당신이 주입니다. 당신이 하느님입니다. 세상에는 하느님 외에는 그 무엇도 없습니다.

이 말을 진지하게 받아들여 시험해본다면 사실임을 증명하게될 것입니다. 만약 어떤 것에 대한 증거가 있다면 그게 얼마나어리석어 보이는지는 전혀 문제가 되지 않습니다.

저는 당신이 진정 꿈꾸는 자와 하나가 되길 바랍니다. 당신이이 꿈꾸는 자와 하나가 된다면 당신은 바깥에서 어떤 일이 일어나고 있다고 말하지 않습니다. 꿈은 당신이 만들고 있는 것입니다. 그건 밤의 꿈이기도 하고 낮의 꿈이기도 합니다.

사람들이 제게 묻습니다. "네빌, 비전(vision, 생생한 환영)이 뭡니까?" 그러면 저는 답합니다. "지금 여기도 밤에 보게 되는 환영만큼 환영의 세상입니다. 제가 보는 밤의 환영은 지금 이곳이단단하고 실체인 것과 마찬가지로 입체적인 현실입니다. 이 세상 전부가 모두 생생한 환영인 비전입니다."

블레이크는 이렇게 말했습니다. "당신은 그저 상상력을 비전(생생한 환영)의 상태까지 끌어올리기만 하면 될 뿐이다. 그러면 끝난 것이다. 하지만 생생한 환영의 속성에 대해, 즉 상상력의 속성에 대해 사람들 대부분은 모른다." 바로 여기, 이 세상 전부가 생생한 환영의 상태이고, 당신이 이것 전부를 만들어가고 있는 중입니다.

당신이 겪고 있는 것은 삶이란 꿈입니다. 당신이 지금 삶이란 꿈을 꾸고 있다는 것을 알아차릴수록, 당신은 점차 삶이란 꿈에서 깨어나게 될 겁니다. 그런데 당신이 밤에 꿈을 꾸고 있을 때 지금 꿈꾼다는 것을 알아차리고는 깨어나지 않기로 마음먹었다면 당신은 꿈을 조절하면서 원하는 방향으로 꿈을 만들어갈 수 있습니다. 이 삶이란 꿈에도 똑같이 적용됩니다. 이것이 꿈이란 것만 안다면, 당신이나 당신의 친구가 원하는 모습이 된 것을 사실로 받아들인 후 믿음을 유지하는 것을 통해 꿈의 패턴을 변화시켰던 것처럼 당신의 삶도 그렇게 원하는 것으로 만들 수 있습니다. 하느님을 믿고, 다시 말해 당신의 경이로운 상상력을 믿고 당신이 원하는 삶을 살고 있는 것을 믿으십시오. 그러면 그렇게 믿고 있는 만큼 당신의 세상 안에 모습을 나타낼 것입니다.

이건 여러분들 모두에게 드리는 제 이야기이기도 합니다. 저는 제가 뱉은 말 중 한 마디도 취소하거나 바꾸지 않을 겁니다. 제 안 깊숙한 곳에서 이것 전부가 저에게 나타났습니다. 사색을 통해 여러분에게 말하는 것도 아니며, 삶의 실용적인 철학을 하나 세우려고 하는 것도 아닙니다.

저는 하느님이 누구인지 압니다. 저는 여러분에게 제가 알게 된 것을 말씀드리고 있습니다. 저는 하느님이 당신의 경이로운 인간의 상상력이라고 계속해서 반복하여 말할 것입니다. 상상력 안에서는 모든 일이 가능하기 때문에 모든 것은 하느님에게 가능합니다. 이 세상에서 지금 보고 있는 것은 모두 처음에는 그저 상상에 지나지 않았습니다. 제록스라 불리는 이 작은 기계는 1930년대 칼슨이라는 사람이 발명했습니다. 그는 이 기계가 작동할 거란 걸 알았지만 이것을 실행시키기까지는 강한 상상력이 필요했습니다. 강한 상상력을 지닌 한 남자가 나타나기 전까지, 그리고 깨어 있고 실체를 볼 수 있는 눈을 가진 남자가 나타나기 전까지 이 기계는 아무런 관심도 받지 못했습니다.

만약 내가 상상을 하기 시작했고 상상하던 것이 갑자기 내 눈앞에 나타난다면, 그 누구도 상상이 현실이 아니라고 말하지 못할 것입니다. 그것을 나는 이미 상상속에서 봤기 때문에 설사 다른 사람들에게는 내 상상을 보여주지 못할지라도 적어도 나에게는 상상이 현실이 된다는 것을 증명하게 됩니다. 내가 만약 사업에 관심이 있다면 상상이 현실이 된다는 것을 증명하기 위해 나는 전력을 다해 마음속에서 내가 가진 모든 것을 팔 것입니다.

제 아버지가 그랬습니다. 아침마다 아버지는 의자에 앉아 다른 의자에 발을 올린 채, 눈은 절반 즈음 감고서 자신이 원하는 일상을 마음 속으로 그려보곤 했습니다. 아버지는 그날 아버지가 만나야 하는 사람들과 원하는 방향으로 이야기가 잘 흘러가 흡족한 결론에 도달하는 대화를 상상속에서 가져봤습니다. 빅터 형 또한 비슷한 것을 했습니다. 세상이 지금 어떤 모습을 하고 있는지는 그들에게 전혀 중요하지 않았습니다. 중요한 것은 보이는 현실을 자신이 원하는 모습으로 다시 보는 것입니다. 이 두 사람은 수백만 달러를 벌었습니다. 바베이도스라는 작은 섬에서 수백만 달러를 벌었습니다. 형을 이곳에 놓는다면 제록스의 챔벌린 윌슨처럼 될 겁니다. 형에게는 생생한 상상을 할 수 있는 능력이 있고, 상상력을 어떻게 사용하는지도 알기 때문입니다.

하지만 블레이크는 말했습니다. "생생한 환영의 속성에 대해, 즉 상상력의 속성에 대해 사람들 대부분은 모른다. 내가 세상에서 보고 있는 모든 것들은 생생한 환영이다." 나무는 생생한 상상입니다. 당신은 마음속에서의 상상을 견고한 현실이라 생각하나요? 저는 마음의 눈 앞에 어떤 것을 가져와서 그것을 여기 있는 것처럼 견고하게 만듭니다. 그래서 전 모든 것을 현실처럼 만들 수 있습니다.

성경은 처음부터 끝까지 진실이지만, 현실 역사를 말하는 것이 아닌 생생한 환영의 세계를 말해주는 진실입니다. 창세기부터 계시록까지 모든 이야기는 비전에 관한 내용입니다.

여러분이 직접 시험해보세요. 하느님을 믿나요? 그렇다면 당신의 상상력도 믿으세요. 상상력이 하느님입니다. 요한복음 14장에서는 "그대는 하느님을 믿고, 나를 또한 믿는다."라고 말합니다. 요한은 그와 아버지가 하나라고 말합니다. 그런 후 "나를 보는 자는 아버지를 본다."라고 말합니다. 당신은 하느님 아버지를 믿고, '나'를 또한 믿습니다. 왜냐하면 '나'는 당신의 상상력이기 때문입니다. 상상력을 믿는다면 당신은 잘못될 수 없습니다. 상상의 활동을 믿으세요. 그러면 그것들은 모두 다 현실이 될 겁니다.

진정한 형이상학자의 길은 어떤 은둔의 길이 아닌,
삶이라 부르는 것 한가운데에 놓여있습니다.
우리가 진리를 듣는 자를 넘어서,
진실로 진리를 행하는 자가 되려 한다면
우리는 항상

자아의 관찰(self-observation)과,
목적에서 생각하는 것(thinking from our aim),
부정적인 감정과 생각으로부터의 분리
(detachment from negative moods and thoughts)를
해야만 합니다.

[네빌고다드라디오강의]

The Eye Of God
하느님의 시선

이제 묻습니다.
무엇이 서로를 2년이란 긴 시간동안 떨어지게 했던 것일까요?
다툼이란 것은 어디에서 일어난 것인가요?
계속 새어 나오는 종기처럼 2년 동안 그녀를 괴롭혔던
괴로움의 원인은 어디에 있었던 것일까요?

상상력, 이것보다 더 명확한 정의가 이루어지지 않은 것은 없을 것입니다. 상상력이란 단어는 생각과 관련된 갖가지 것들을 표현하고 있고, 이것들 중 다수는 서로 모순되는 의미까지 담고 있습니다. 하지만 전 당신이 상상력이란 의미를 인간 안에 있는 구원의 힘으로 받아들이기를 바랍니다. 성경에서는 이것을 두번째 인간, 즉 '하늘에서 온 주!'라는 권능으로 표현했습니다. 예수 그리스도로 의인화된 힘과도 같습니다. 구약에서는 야곱이라 불렀습니다. 성경 안에는 예수 그리스도라는 장엄한 꽃을 지칭하는 다양한 이름들이 있습니다.

복음서의 주인공을 인간의 상상력으로 보는 제 견해가 여러분들을 당혹스럽게 만들지도 모릅니다. 하지만 이것은 우리가 반드시 알아야만 하는, 성경을 쓴 고대인들이 진정 의도했던 것입니다. 인간은 복음서를 오해해서 역사나 전기 혹은 우주론으로 생각했기에 자신 안에 있는 힘에 대해서는 전혀 자각하지 못한 채 무지의 잠을 자고 있습니다.

이제 우리 안에 있는 이 거대한 힘을 깨울 수 있는 방법을 제시해 보겠습니다. 전 이것을 교정의 기술이라고 부릅니다. 하루 동안 했던 일을 마음의 눈에서 떠올려봅니다. 아침의 첫 사건부터 시작해서 하루를 되돌아봅니다. 이 중에서 나를 불쾌하게 만들었던 장면이 나타나면 그곳에서 멈추고 그 장면을 교정합니다. 당시의 일을 새롭게 다시 쓰는 겁니다. 과거를 내가 삼고 있는 이상적인 모습과 일치하게끔 다시 썼다면 이제는 마치 내가 육신을 가지고 그렇게 행동했던 것처럼 상상 속에서 경험해봅니다. 이것이 현실과 같은 분위기를 자아낼 때까지 반복하고 또 반복합니다.

이렇게 교정하고 상상 속에서 다시 체험한 것은 과거 속으로 사라지지 않고, 교정한 모습으로 미래를 향해 가게 된다는 것을 저는 경험으로 확신하고 있습니다. 만일 불쾌한 장면을 교정하지 않는다면 자신의 세상에서 다시 경험하게 될 것입니다. 왜냐하면 그 무엇도 사라지지 않기 때문입니다. 저는 해가 저물 때까지 분노를 지니고 있지 않을 겁니다. 그날의 마지막 시간에, 오늘 내가 겪었던 일들이 아무리 현실처럼 느껴지더라도 나는 그것을 확정적인 것으로 받아들이지 않습니다. 그것들을 받아들이지 않고 새롭게 씁니다. 그래서 그 사건을 무효로 만들어 그것과 상응하는 변화를 외부 세상으로 이끌어냅니다.

이 교정의 기술은 우리가 원하는 것을 이루게 해줄 뿐만 아니라 보다 거대한 목표를 이루게 해줍니다. 거대한 목표란, 사람들이 예수 그리스도라고 부르는 존재를 내 안에서 깨우는 것입니다. 저는 예수 그리스도를 인간의 경이로운 상상력이라고 부릅니다. 상상력이 깨어나면 신의 시선이 됩니다. 이 시선은 생각의 세상인 내부를 보게 됩니다. 이렇게 보게 되는 순간 내가 이제껏 외부에 있다고 믿었던 것들이, 실은 내 안에 있었다는 것을 알게 됩니다. 그리고는 내가 신 안에 뿌리내리고 있는 것처럼, 이 창조된 세상 전부는 내 안에 뿌리내려 있고 내 안에서 끝맺고 있다는 것을 발견합니다. 이 순간부터 삶에서 진짜 목적을 발견합니다. 그것은 하느님의 뜻을 행하는 것으로, 그분의 뜻은 바로 이렇습니다. "그분이 내게 준 모든 것을 하나도 잃지 않고 다시 일으켜 세우리라."

하느님이 내게 무엇을 주었나요? 내 삶의 모든 경험들을 주었습니다. 그분이 나에게 당신을 주었습니다. 내가 만나게 되는 남자, 여자, 아이 모두 아버지로부터 오는 선물이지만, 내가 사회를 대하는 태도와, 내가 나 자신을 대하는 태도로 인해 그들은 내 안에서 특정한 느낌을 지니고 있습니다. 내가 깨어나 하느님의 시야가 열렸을 때 세상의 모든 것은 눈에 보이게 된 나의 일부라는 것을 알게 됩니다. 그때 나의 진짜 목표를 이뤄야만 합니다. 그것은 나를 보낸 하느님의 의지를 행하는 것입니다. 그 일은 내 안에서 타락하게 되었던 그들을 다시 끌어올리는 것입니다.

이제 진정한 교정의 기술을 시작하십시오. 상대방의 외부 모습과 관계없이, 그리고 당신이 그 사람에 대해 그동안 어떤 관념을 갖고 있든 관계없이 당신 안에서 그를 고양시키는 것이 당신에게 주어진 책무입니다. 이 일을 하게 되면 당신은 당신이 불쾌한 이유가 상대방 때문이 아니었다는 것을 깨닫게 될 것입니다. 만일 상대방으로 인해 불편한 감정이 일어났다고 생각된다면 당신 내면을 보십시오. 그곳에 불편함의 원인이 있을 겁니다.

이 점을 설명하기 위해 사례를 하나 들어보겠습니다. 뉴욕에 사는 한 분은 며느리와 심한 언쟁 끝에, 다시는 찾아오지 말라는 말을 들었다고 합니다. 아들도 "어머니, 제가 어머니를 사랑하는 건 변함없지만 그게 메리의 뜻이라면 어쩔 수 없이 그 결정을 따라야 해요."라고 말했습니다. 2년 전의 일이었습니다.

그녀는 제 강연에 참석했고, 자신이 2년 동안 매일 밤 분노를 지닌 채 잠들었다는 것을 깨달았습니다. 그녀는 자신이 사랑하는 이 멋진 가족을 떠올렸을 때, 그녀가 여전히 소외됐다는 느낌을 받았습니다.

아들 가족에게서 2년 동안 어떤 연락도 없었습니다. 적어도 12개 이상의 선물을 손주에게 보냈지만 한 번도 받았다는 연락을 받지 못했습니다. 보험을 들어 났기에 선물이 손주에게 도착했는지 알 수 있었습니다. 그날 밤 그녀는 자리에 앉아 마음으로 편지 두 통을 만들었습니다. 한 통은 며느리에게서 온 편지였는데, 거기에는 가족들이 그녀를 만나기를 학수고대하고 있으니 보러 오라는 내용이 적혀 있었습니다. 애정이 느껴지는 편지였습니다. 나머지 한 통은 손주에게서 온 편지였습니다. 할머니를 사랑하고, 보내주신 선물들은 정말 감사했으니 어서 보러 오라는 내용이었습니다.

그녀는 상상의 손으로 편지 두 장을 들고 속으로 계속 읽어 나갔습니다. 가족들이 보낸 애정 어린 말로 인해 기쁜 감정이 솟아날 때까지 반복해서 읽었습니다. 7일 밤 동안 계속했습니다. 8

일째 되는 날 두 장의 편지를 받았습니다. 하나는 손자, 다른 하나는 며느리에게서 온 것이었습니다. 이것들은 그녀가 7일 동안 마음속에서 쓴 것과 일치했습니다.

이제 묻습니다. 과연 무엇이 서로를 2년이란 긴 시간동안 떨어지게 했던 것일까요? 다툼이란 것은 어디에서 일어난 것인가요? 계속 고름이 새어 나오는 종기처럼 2년 동안 그녀를 괴롭혔던 괴로움의 원인은 어디에 있었던 것일까요?

인간의 눈이 떠졌을 때 자신이 보고 있던 모든 것을 깨닫게 됩니다. 이것들은 비록 외부에 있는 듯했지만 실은 자신 안에, 즉 이 유한한 세상은 단지 그림자일 뿐인 상상의 세상 안에 존재했던 것입니다.

인간이 깊은 잠에서 깨어났을 때 비로소 자신이 마주하고 있는 것이 자신의 일부라는 것을 깨닫게 됩니다. 그리고 그때는 이해하지 못한 것들이 실은 자신의 존재 안에 있는 아직 자각하지 못한 힘과 큰 관련이 있다는 것을 알게 됩니다. 그녀는 내면에서 편지를 썼고 이것을 잊고 지냈습니다. 하지만 그녀 안에서는 이 행복한 드라마 전체가 펼쳐지기 시작했던 것입니다.

저 여성분이 했던 일을 이 세상의 모든 사람들이 할 수 있습니다. 이것이 사실인지 여부를 알기 위해 몇 년의 시간이 필요한 것은 아닙니다. 사람들은 주관적인 상태를 믿는 사람들을 비

정상적이라고 말하는 반면 우리의 감각이 제시하고 있는 것만을 믿는 사람을 정상이라고 말하기 때문에 여러분은 제 말을 듣고 제가 정신 이상이 아닌지 의심할지도 모릅니다. 그럼에도 저는 여러분이 깨어날 때 비로소 여러분은 상상력에게 최상의 지위를 부여하며 나머지 모든 것들을 상상력 아래에 두게 될 것이라고 말합니다. 여러분은 결코 다시는 이 외부 세상을 기반해서 삶을 받아들이며 현실이란 것이 제시하고 있는 것 아래에 무릎을 꿇지 않을 것입니다. 그리고 여러분의 경이로운 상상력이 하느님이자 주 예수 그리스도라는 것을 알게 됩니다.

요한복음 18장에서 예수는 이성을 상징하는 본디오 빌라도 앞에 끌려와, "무엇이 진실인가?"라는 질문을 받습니다. 예수는 자신의 어떤 행동이나 자신에게 일어났던 어떤 일도 해명하지 않고 그저 침묵을 지켰습니다. 왜냐하면 "내가 부르지 않았다면 그 누구도 내게 오지 않았고, 오직 내가 내 목숨을 스스로 내려놓을 때를 제외하고는 그 누구도 내 목숨을 뺏지 못한다."는 것을 알았기 때문입니다.

이 진리를 깨닫게 되면 세상을 나와 관련 없는 완전히 객관적인 것으로 보지 않고 자신과 연관되어 있는 것으로 보게 됩니다. 당신이 바로 당신의 세상 안에서 일어나는 일들의 근본 원인입니다. 이런 눈이 열릴 때 잠들어 있는 사람들에게는 생각일 뿐인 것들이, 깨어난 자에게는 하나의 현실로 자각됩니다.

저는 친구를 마음에 떠올려서는 마음의 눈을 통해 아주 멋지고 새로운 관념을 그 친구에게 입힐 것입니다. 잠든 자의 위치에 있을 때는 내가 상상하고 있는 것이 완전히 내면의 세계에만 존재하는 소망처럼 보입니다. 하지만 눈이 열렸을 때 친구는 제가 원했던 그런 모습을 한 채 제 앞에 서 있습니다. 그래서 잠든 자(깨어나지 못한 상상력)에게는 하나의 관념이었던 것이 깨어난 자(깨어난 상상력)에게는 객관적인 현실이 됩니다.

이 훈련은 우리가 보이는 것을 수동적이고 무의식적으로 받아들이는 것에서 벗어나서 상상력을 적극적이면서 의도적으로 사용하게끔 합니다. 만일 당신 세상 안에서 이루고 싶은 이상적인 모습과 일치하지 않는 것이 있다면 절대 그것을 최종적인 사실로 받아들이지 마십시오. 앞서 여성분이 했던 것과 똑같이 하십시오. 반드시 지금 당장 매일 하십시오. 결과물이 내일이나 모레 또는 일주일이 걸릴 수도 있습니다. 제가 확신할 수 있는 것은 반드시 그 일이 일어난다는 것입니다.

1905년 알버트 아인슈타인은 그 누구도 시도해보지 못했던 방정식으로 세상을 놀라게 했습니다. 이제 우리는 이 방정식의 놀라운 결과물을 압니다. 자신의 상상력의 힘을 알지 못하는 사람들도 마찬가지입니다. 그들은 상상력이 만들어내는 에너지의 결과물에 놀라고 맙니다.

"상상력이 지식보다 중요하다."라는 말을 했던 사람이 알버트 아인슈타인입니다. 외형에서 보여주고 있는 사실만을 최종적인 것으로 받아들인다면 하느님이 준 상상력이라는 수단을 결코 사용하지 못할 것입니다.

상상의 기법을 사용해 보세요. 단지 이것을 아는 것만으로는 어떤 것도 증명하지 못합니다. 아는 것을 직접 사용하는 것만이 사실여부를 밝혀낼 것입니다. 제 경험상 여러분은 이것이 거짓이라는 결과를 얻지는 못할 것입니다. 목표를 설정하세요. 직업이든 직장 상사와의 대화이든 연봉 인상이든 원하는 것을 목표로 해서 상상 기법을 사용해보세요.

샌프란시스코에 사는 제 친구는 배의 선장이었습니다. 어느 날 그가 이렇게 말했습니다. "네빌, 저는 능숙하고 노련한 항해사예요. 전 바다가 좋아요. 세계 곳곳을 다 항해했죠. 그런데 회사에서는 제 나이 때문에 저의 항해 노선을 일정한 구역으로 제한했어요. 온갖 이의를 제기해봤지만 회사는 단호하게 제 요구를 받아들이지 않았어요." 전 이렇게 대답했습니다. "무슨 일이 일어났는지는 별로 관심이 없어요. 그런데 당신은 지금 온전히 하느님에게 속한 힘인 당신의 경이로운 상상력을 공간이란 장막 위에 비춰진 그림자에게 주고 있는 중이군요. 우리는 지금 이 방 안에 있어요. 그런데 우리가 이 방 안에 있어야만 할 이유가 있나요? 당신의 상상력을 써서 이 앞을 다리라고 부를 수는 없나요? 이건 이제 다리인 겁니다. 자, 저는 이제 당신 배의 탑승객이에요. 당신은 회사에서 제한한 그 구역 안에 있지 않아요. 당신이 원하는 곳에 있는 겁니다. 눈을 감고 바다의 출렁임을 느껴보세요. 자, 당신의 소망이 이루어진 겁니다. 그러면 당신은 우선 이 법칙을 증명했다는 즐거움을 먼저 느끼겠죠. 그 다음으로는 당신이 원하는 바다에 있다는 즐거움을 느낄 겁니다. 제게 그걸 말해보세요."

그는 지금 밴쿠버에서 다양한 짐을 싣고, 회사에서 이전에는 갈 수 없다고 말했던 곳인 파나마로 가고 있습니다.

저는 조합이나 왕이나 대통령이나 장군과 싸워서 그 자리에서 끌어내라고 말하는 것이 아닙니다. 다만 온전히 하느님에게 속한 힘을 그들에게 주지 말라고 말하는 중입니다. 조용히 앉아서 당신 안에서 새로운 장면을 구상해보세요. "안돼요! 이건 확정된 일입니다!"라고 말했던 사람이 이제는 "그래! 좋아요!"라고 말하는 것을 들으세요. 문은 열립니다.

당신 안에 있는 이 경이로운 힘을 불러내세요. 사람들은 이것을 인격화해서 내가 아닌 다른 사람이라고 말했기 때문에 이 힘을 완전히 잊었습니다. 당신이 믿고 있는 것이 당신에게 기쁨을 주고 있다면 혹은 어떤 종교가 당신에게 위안을 준다면 계속 지니세요. 그런데 잠든 자에게는 이 모든 것이 그저 장난감일 뿐입니다. 저는 당신 안에서 완전히 세상을 다르게 보고 있는 자를 깨우기 위해 왔습니다. 잠든 자는 볼 수 없었던 세상을 보고 있는 자입니다. 그가 깨어났을 때 하느님이 그에게 준 존재들 모두를 내면에서 일으켜 세우기 시작합니다. 하느님은 당신에게 이 지상에서 걷고 있는 모든 이들을 보냈습니다.

어떤 것도 버려지지 않을 겁니다. 세상의 모든 것은 반드시 구원돼야만 합니다. 당신의 삶은 이 구원이 일어나는 과정입니다. 무엇인가가 마음에 들지 않는다고 던져버리지 마십시오. 교정하세요. 교정을 해서 무효로 만드십시오. 그러면 이런 교정의 행위는 우리 내면에 있는 힘의 증거를 보여주면서 자신의 모습을 공간의 장막에 투사하는데, 여기서 말하는 힘이란 바로 우리 인간의 경이로운 상상력입니다.

블레이크는 이것을 매우 아름답게 표현했습니다. "강들, 산들, 도시들, 마을들, 이것들 모두는 인간이다." 눈이 떠졌을 때 자신의 가슴 속에서 이것들을 보게 됩니다. 당신의 경이로운 가슴 안에 이 모든 것이 뿌리를 두고 있습니다. 이것들을 쓰러뜨리거나 쓰러져 있는 채로 방치하지 마십시오. 이것들 모두를 다시 일으켜 세우십시오. 바로 아버지의 뜻이기 때문입니다. 그분이 주신 모두를, 나는 하나도 잃지 않고 다시 일으켜 세웁니다. 제가 상대방에 대한 저의 관념을 교정해서, 세상에서 제가 나타내고자 하는 이상적인 모습과 일치하게 만들 때마다 저는 그것을 다시 일으켜 세우는 일을 하는 것입니다. 그리고 세상이 나에게 해줬으면 하는 일을 내가 상대방에게 해줬을 때 나는 그를 다시 일으켜 세우는 것입니다.

당신이 이런 일을 할 때 당신에게 어떤 일이 일어나고 있는지 말씀드릴까요? 무엇보다 당신은 당신 내면을 향하게 됩니다. 더이상 세상을 완전히 객관적인 것으로 보지 않고, 주관적으로 당신 자신과 연관되어 있는 것으로 봅니다. 저의 눈이 열렸을 때 전 선지자가 보았던 것처럼 사람을 걸어 다니는 나무로 보았습니다. 몇몇의 나뭇가지는 사슴의 작은 뿔처럼 작았습니다. 반면에 어떤 이들은 나뭇잎들이 굉장했습니다. 그리고 완전히 깨어난 사람들은 꽃이 활짝 피어 있었습니다. 이들은 하느님 정원에 있는 나무들입니다.

이사야 61장에서는 "보잘것없는 것들에게 아름다움을, 통곡에는 기쁨을, 마음이 무거운 영에게는 찬사의 영을 주라. 그래서 그들이 하느님의 영광에 심어진 올바름의 나무가 되게 하리라." 라고 말합니다.

이것이 우리 모두가 해야만 하는 것입니다. 바로 교정입니다.

사업이 망해버려 다시 살릴 수 없을 때, 상황들이 나빠져 잿더미가 됐을 때 이것은 성경에서 말하는 보잘것없는 것입니다. 그 자리에 아름다움을 놓으십시오. 그래서 마음의 눈으로 고객들을 봅니다. 건강한 고객들, 재정면에서도 건강하고 그들이 당신을 대하는 태도에서도 건강함이 느껴지고, 그리고 그들이 하는 말 하나하나에도 건강함이 느껴지는 것을 봅니다.

만일 당신이 공장에서 일을 하고 있다면 회사가 당신을 해고할 이유 따위는 보지 마십시오. 그 장면을 고양시켜서 보잘것없는 잿더미에 아름다움을 놓으십시오. 왜냐하면 당신이 부양할 가족이 있는데 해고를 당한다면 그것이 바로 성경에서 말하는 잿더미일 것이기 때문입니다. 누군가 통곡한다면 그 자리에 기쁨을 놓으십시오. 누군가가 심적으로 무겁다면 그 자리에 찬사의 느낌을 넣어주십시오.

이 일을 해서 하루를 교정하면 당신은 방향을 선회하게 됩니다. 방향을 틀어서 위로 향하게 됩니다. 당신이 깊은 잠에 빠져 아무것도 보지 못했을 때 밑으로만 향하던 모든 에너지들이 이제는 위를 향합니다. 그래서 하느님의 영광에 심어진 올바름의 나무가 됩니다. 저는 하느님 정원이라는 이 아름다운 땅을 걷고 있는 그들을 봅니다. 그들은 정말 정원의 나무들입니다. 단지 우리는 우리 자신에 대한 관념 때문에 그곳에 들어가지 못하게 우리 자신을 막고 있을 뿐입니다.

다니엘 서에서는 우리가 예전에는 이 영광의 나무였다고 합니다. 후에 이것은 바닥에 쓰러졌습니다. 한때는 사람들에게 쉴 곳과 먹을 것을 제공했고, 오후의 무더위로부터 새들과 동물들에게 그늘을 제공했습니다. 그러다가 저 안쪽에서 목소리가 들려옵니다. "그것을 베어라. 베어낸 채로 그대로 두어라. 허나 뿌리만큼은 건들지 마라. 내가 하늘나라의 이슬로 물을 줄 것이니 그것은 다시 한 번 자라게 될 것이다." 이번에 이 나무는 자신이 무엇인지, 자신이 누구인지를 인식하면서 의식을 지닌 채 자라게 될 것입니다. 이 나무는 과거에 참 장엄한 모습이었습니다. 하지만 자신의 장엄함을 의식적으로 알지는 못했습니다. 그래서 내가 이것을 베어냈습니다. 바로 인간의 실락입니다. 이제 인간은 자신의 내면에서 다시 한 번 솟아올라, 영광과 아름다움을 지닌, 걸어 다니는 나무가 됩니다.

지금 깊은 잠에 빠져 있는 사람들에게는 이 말이 당황스럽게 느껴질 겁니다. 하지만 아인슈타인의 방정식도 그 당시 사람들에게는 그랬습니다. 전 제가 보았던 것을 지금 여러분에게 말하고 있습니다. 우리 인간은 하느님 정원의 나무가 될 운명입니다. 그것은 송충이가 나비가 되는 것과 같은 완전한 탈바꿈입니다. 인간이 잠들어 있을 때 보았던 모습과는 전혀 다릅니다. 하지만 이렇게 살아 움직이는 인간의 모습을 보는 것보다 더 영광된 모습은 세상 어디에도 없습니다. 사람 안의 가지들 모두는 타인이라 불리는 자신의 연장선입니다. 우리가 다른 이들을 마음에서 일으켜 세울 때마다 가지는 잎을 맺을 뿐 아니라, 깨어난 인간의 나무에서는 꽃이 활짝 핍니다.

하느님의 아들은 인간 안에서 잠들었고, 우리 존재의 유일한 목적은 그를 깨우는 겁니다. 감각의 인간은 그저 껍데기일 뿐입니다. 우리는 이것을 첫번째 인간이라고 부릅니다. 하지만 이 첫째는 둘째가 될 것이며 둘째는 첫째가 될 것입니다. 둘째로 태어나는 야곱은 첫째였던 그의 형 에서의 자리를 차지하게 됩니다. 에서는 피부와 털로 이루어진 감각의 인간이고 야곱은 매끄러운 피부의 사내였습니다. 어머니에게서 태어난 인간 모두에게 두번째 인간은 잠들어 있다가 후에 주로서 다시 깨어날 운명입니다.

하늘나라의 왕국은 지금, 바로 오늘, 이곳입니다. 깨어나십시오. 당신의 삶을 교정해서 공간의 장막 위로, 보다 아름다운 장면들을 비춰내십시오.

삶에 대해 어떤 반응을 하고 있는지 잘 관찰해서,
사랑스럽지 않은 상태와 자신을 동일시하지 못하게 하십시오.

보잘것없는 상처들, 슬픔들,
자신의 힘으로는 어찌할 도리가 없다는 잘못된 믿음
이것들을 제물로 바치십시오.

그러면 가슴이 순수해져 하느님을 볼 것이고,
당신은 축복받을 것입니다.

[리액트]

The Potter's House
토기장이의 집

이 땅에서 당신과 내게 주어진 일은 믿는 것입니다.

상상 활동이 가진 힘을 믿으십시오.

그리고 우리가 이 상상활동을 바꾸기 전에

외부 세상을 바꾸려고 하는 것은

자연의 섭리와는 역행해서 일을 하는 것임을 명심하세요.

그렇게 할 수는 없습니다.

상상활동이 세상의 것들을 만들어내고 있고,

이 활동과 연관된 것들을 계속 만들어낼 것이기 때문입니다.

이사야를 보면 이런 구절이 나옵니다. "오 주여, 그대는 우리의 아버지이고, 우리는 진흙입니다. 우리는 모두 그대 손의 작품들입니다."

여기서 우리는 주 아버지와 토기장이가 하나라는 것을 알 수 있습니다. 성서에서 '토기장이'로 정의된 단어는 '상상력, 결정하는 것, 결심하는 것'을 말합니다. 창세기에서는 "인간을 우리의 모습을 쫓아 우리의 형상으로 만들자!"라고 말합니다. 이것이 결정하는 것입니다.

에레미야에서는 다음과 같이 말합니다. "일어나서 토기장이의 집으로 내려가라. 거기에서 나는 그대가 내 말들을 듣게 할 것이다. 나는 토기장이의 집으로 내려갔다. 그리고 그곳에서 그는 그의 물레에서 일을 하고 있었고, 그가 진흙으로 만들고 있는 용기가 그의 손에서 망가졌더라. 하지만 그는 그것을 그가 보기 좋은 모습으로 다시 만들더라."

우리는 이것을 통해 우리의 아버지이자 우리의 주인 토기장이가 우리의 경이로운 상상력인 것을 알 수 있습니다. 그는 진흙으로 그릇을 만들고 있었고, 이 진흙이 바로 우리라고 합니다.

상상은 아버지인 주가 활동하고 있는 것이기 때문에 전 잠시 서서 제가 지금 무슨 상상을 하고 있는지 관찰해봅니다. 내가 원하는 모습으로 나에 대한 관념을 갖고 있나요? 아니면 이것과는 거리가 있는 훼손된 모습인가요? 그렇다 해도 난 그것을 버리지 않습니다. 그저 그것을 토기장이인 내가 보기에 좋은 모습의 용기로 다시 만들 뿐입니다.

난 지금 내가 살고 싶었던 모습으로 살고 있나요? 내가 필요한 만큼의 수입을 얻고 있나요? 내가 하고 싶은 일을 할 수 있는 정도의 수입을 갖고 있나요, 아니면 내가 할 수 있다고 생각하는 것에 맞춰서 내 자신에게 한계를 씌우고 있나요? 형태를 재창조하는 토기장이의 능력에는 어떤 한계도 없습니다.

용기는 진흙으로 만들어졌고, 우리가 바로 그 진흙입니다. 그렇다면 도전을 받아들여 이 용기를 다시 만들어보겠습니까? 그래서 지금 이 순간 나 자신에 대한 관념과 내 세상의 사람들에 대한 관념을 내가 보기 원하는 모습으로 바꾸겠습니까? 그러면 어떻게 될까요?

사람들이 '상상력'이란 단어에 대해 정의한 것을 보겠습니다. 성서는 이것을 세상의 모든 것을 창조하는 토기장이로, 하느님 아버지로 정의했습니다. 하지만 우리는 이 의미를 정확하게 사용하지 않았습니다. "형체를 가진 대상을 알아챌 수 있는 것은, 그것이 존재하는 것이라면 인지된 감각을 통해서이다."라고 말합니다. 인지된 감각입니다. 전 당신을 볼 수 있습니다. 그리고 당신이 말하게 된다면 저는 당신의 말을 들을 수 있습니다. 이것이 인지된 감각입니다. 따라서 당신은 존재하고 있는 것이고, 말하자면 그것이 실재입니다. "만일 존재하지 않다면 그것은 상상력이다." 다른 말로 하면 실재가 아니란 말입니다. 그것은 인지된 감각이 아니란 말입니다. 우리는 상상력을 이런 식으로 표현하고 있습니다.

자, 이제 우리의 감각들 중 하나인, 후각에 대해 보겠습니다. 냄새는 화학적인 감각이기 때문에, 대상의 인지를 위해서는 접촉이 필요합니다. 이제 다 같이 해보시기 바랍니다. 장미향을 맡을 수 있나요? 물론 지금 이곳에는 어디에도 장미가 없습니다. 하지만 장미를 상상해서 그 향기를 맡을 수 있나요? 전 할 수 있습니다. 뚜렷이 구분된 냄새를 맡을 수 있습니다.

장미가 여기 없는데도 장미향을 맡을 수 있다면 화학적 접촉에 의지하는 후각만으로 향기를 맡을 수 있다는 말은 어떻게 설명할 수 있을까요?

장미는 여기 없지만 여러분은 장미향을 맡을 수 있습니다. 어쩌면 "그래서 뭐?"라고 말할지도 모릅니다. 제게는 아주 큰 의미가 있습니다. 당신은 돈 냄새를 맡을 수도 있습니다. 돈은 다른 것과는 구분되는 특유의 향이 있습니다. 실제로 돈을 꺼내서 냄새를 맡아보세요. 돈을 좋아하는 사람들에게는 돈 가방의 냄새가 어떤 다른 향기보다 더 매혹적입니다. 저는 그렇지는 않지만 어떤 사람들에게는 그렇습니다. 전 일상생활을 하는 데에 필요한 것들을 살 정도의 돈만 필요합니다. 그런 제게는 돈 냄새가 그다지 향기로운 것은 아닙니다. 하지만 이 원리를 돈을 얻는 것에 대해 쓸 수 있습니다. 그리고 여러분처럼 저도 삶의 의무들을 지니고 있기에 삶의 의무들을 이행하는 데에 이 법칙을 이용할수 있습니다.

그래서 저는 토기장이의 집으로 내려갑니다. 의자에 앉아도 되고, 심지어 술집에 서 있어도 관계없습니다. 전 토기장이를 발견했기 때문에 제가 어디에 있든 전 토기장이의 집에 있는 것입니다. 토기장이는 저의 상상력이고 토기장이는 저의 아버지, 전능한 주 하느님입니다. 저는 지금 제가 있는 토기장이의 집이 아닌, 다른 어떤 곳에 갈 필요가 없습니다.

이제 그가 작업하고 있는 것을 봅니다. 난 토기장이의 집으로 내려가서 그가 무엇을 하고 있는지 봤습니다. 지금 나는 어떤 상상을 하고 있습니까? 내가 지금 나 자신에 대해서 만들고 있는 이미지, 내 친구에 대해 갖고 있는 이미지, 내가 사랑하는 것에 대해 갖고 있는 이미지, 이것들이 흡족한 모습입니까? 아니면 흡족하지 않은 면들을 보면서 내게 주어진 힘을 낭비하고 있습니까?

저는 제가 상상력을 지혜롭지 못하게 사용하고 있는 것을 꽤 자주 보게 됩니다. 하느님에 대한 숭배란, 그분이 우리에게 준 재능을 사용하는 것임을 여러분이 알아주셨으면 합니다. 이것만이 진정으로 하느님을 숭배하는 유일한 길입니다. 그분은 당신에게 재능을 주었습니다. 이 재능은 바로 그분입니다. 이것은 오감을 거쳐 옵니다. 어떤 이들은 태어날 때 다섯 가지 감각기관 중 몇 개의 기능이 결여되어 있을지도 모릅니다. 그래도 대부분의 사람들은 감촉을 느끼는 감각은 가집니다. 어떤 이는 선천적으로 눈이 먼 채 태어나거나, 혹은 눈이 멀어 장님이 되거나, 어떤 이는 목소리를 잃기도 합니다. 하지만 우리의 상상력 안에서는 이 기능 모두를 사용할 수 있습니다. 육체적으로는 몇 개의 감각이 없을 수 있지만, 내부에서는 이것들을 향해 항상 문이 열려 있기에 우리는 내부에서 이것들을 사용할 수 있습니다. 만일 우리가 어떤 장애를 가지고 태어났다 해도 이 능력들이 모두 외부 세상에서 열려 있어야 하는 것은 아닙니다. 우리가 지금 장미향을 맡을 수 있는 것처럼 우리는 여전히 이것들을 내부에서 불러올 수 있습니다.

수년 전 뉴욕시에서 이것과 비슷한 이야기를 했습니다. 청중석에 있던 한 여성분이 이 이야기를 듣고는 시험해보리라 마음먹었습니다. 침묵 속에서 커다란 장미 꽃다발을 안고 있는 모습을 상상했습니다. 그녀는 왈도르프 아스토리아 타워(Towers of the Waldorf Astoria)에 살았습니다. 그날 밤 그녀가 집으로 돌아갈 때 방 복도 쪽에서 강한 장미 향이 진동했습니다. 방문을 열자 책상 위에 장미 세 다발이 놓여 있는 것을 보았습니다. 아무런 쪽지도 없었고, 다음날이 되어서야 무슨 일이 일어났는지 알 수 있었습니다.

그날 밤 영어 말하기 협회(English Speaking Union)에서 현재 여왕의 어머니인 퀸 엘리자베스를 위해 파티를 열었습니다.

호텔측에서 그날을 위해 장미들을 키웠고, 파티가 끝나자 이 꽃들을 어떻게 처리해야 할지 고민했습니다. 총괄 매니저가 "니미어(Neemier)양이 꽃을 좋아하고 특히 장미를 좋아하니까 세 다발을 그녀의 방에 보내도록 해요."라고 말했습니다.

그래서 그녀는 기대하지도 않은 채 그저 도전해보려고만 했던 장미꽃 세 다발을 실제로 받게 되었습니다. 그녀는 장미를 안고 있는 상상을 했고, 그러자 이 장미꽃들이 그녀의 방에 오게 됐습니다.

어떤 사람들은 상상속에서 자신들의 주머니에서 돈을 빼서 그 냄새를 맡아보기도 했습니다. 그건 실제로 존재하지는 않았지만, 그저 그것을 느끼고 냄새를 맡아보고 세어 보았습니다. 그러자 그들에게도 저런 식으로 일들이 일어났습니다.

인간은 이 육신이란 겉옷이나, 세상과의 접촉으로 이루어지는 오감이란 것에 조금도 한정되어 있지 않습니다. 인간에게는 상상력이 있습니다. 상상력은 하느님입니다. 그건 토기장이이자 주이며 아버지입니다. 그분은 우리에게 그분 자신을 주었습니다. 진정 하느님을 숭배하는 유일한 길은 그분이 주신 상상력이라는 재능을 사용하는 것입니다.

그분은 실제로 그분 자신을 나에게 주었습니다. 왜냐하면 '나는(I AM)'이라고 말할 때 이것이 그분의 이름이기 때문입니다. 나는 이제 그분이 나의 상상력이란 것을 압니다. 블레이크는 이렇게 말했습니다. "나는 상상력의 기법을 사용해서 마음과 몸을 해방시키는 것 외의 그리스도교나 복음을 알지 못한다." 그리고는 이렇게 덧붙입니다. "사도들은 이것 외의 다른 복음을 알지 못한다."

우리는 상상력의 세상 안에 살고 있는 중입니다. 만일 하느님을 믿고 있는 일반적인 사람에게 이렇게 말해보세요. "세상 전부는 하느님에 의해 지어진 것입니다. 우리는 하느님의 세상 안에 살고 있는 중이고요." 그러면 제게 고개를 숙이고 전적으로 동의할 겁니다. 하지만 만일 "우리가 살고 있는 세상은 상상력의 세상입니다."라고 말한다면 "아니죠. 이건 실제 세상이고, 당신의 상상은 실재가 아닙니다."라고 대답할 겁니다. 하지만 그들이 실재라고 말하는 것들은 모두 예전에는 상상 속에 있던 것입니다.

당신이 입고 있는 옷은 처음에는 먼저 상상 속에 존재했던 겁니다. 당신이 앉아 있는 의자, 우리가 살고 있는 건물. 이 모든 것은 외부 세상에 모습을 나타나기 전에 우리가 먼저 상상해야만 합니다. 지금 우리에게 현실이란 모습으로 겉보기에 객관적인 사실처럼 보이는 것은 한때는 상상이었습니다. 우리가 달에 가기 전에는 달에 가는 것을 먼저 상상해야만 했습니다. 이곳의 모든 것은 토기장이의 손에 있고, 토기장이는 당신의 경이로운 상상력입니다.

세상의 것들이라 불리는 모든 것은 상상에 원인을 갖고 있는 것이지, 세상에 원인이 있지 않습니다. 세상의 원인은 그저 그렇게 보일 뿐입니다. 세상에 원인이 있다는 사고방식은 우리의 불완전한 기억력이 겪고 있는 망상에 불과합니다. 하느님이 인간이 되었을 때 고통을 겪는 이유입니다. 하느님이 인간이 되었을 때 자신이 하느님이란 것을 완전히 잊어야만 했습니다. 기억은 완전히 사라졌지만, 하느님이 바로 인간의 경이로운 상상력이기 때문에 우리가 하느님이란 사실만큼은 여전히 그대로입니다.

인간은 오직 상상력입니다. 하느님은 인간이고, 우리 안에 존재하며 우리는 또한 그분 안에 존재합니다. 인간의 불멸의 몸은 상상력이고, 이것이 하느님 그분입니다. 신약에서는 이것을 예수라 불렀는데, 당신의 경이로운 상상력인, 주 예수의 신성한 몸입니다. 그분은 바깥 어디에 존재하지 않습니다. 그분은 당신의 경이로운 상상력 안에 존재합니다.

만일 하느님이란 단어, 주라는 단어, 예수라는 단어를 쓰게 되었을 때 이것이 어떤 식으로라도 당신 외부에 있는 존재를 떠올리게 했다면 당신이 진정한 하느님, 진정한 주, 진정한 예수를 찾지 못했다는 증거입니다. 한 순간이라도 이 단어를 듣고 마음이 시간상, 공간상, 혹은 시공간 상 외부에 존재하는 무언가를 향해 갔다면 올바른 예수, 올바른 주를 아직 찾지 못했다는 증거입니다.

"예수 그리스도가 당신 안에 있다는 것을 알지 못하는가?"라고 성서는 말합니다. 그렇다면 도전을 받아들여 '자신을 시험해 보고, 당신이 믿음을 지니고 있는지를' 확인하십시오. '예수'라는 말을 듣는 순간, 당신의 경이로운 상상력이 아닌 다른 것을 생각했다면 시험에 통과하지 못한 것입니다.

며칠 전에 풋볼 경기를 보기 위해 TV를 켰습니다. 채널을 돌리고 있을 때 한 남자가 굉장히 많은 청중들 앞에서 바깥세상의 주 예수를 향해 기도하는 것을 볼 수 있었습니다. 말도 안 되는 일입니다. 외부의 주 예수란 있지 않습니다. 예수가 당신 안에서 일어설 때 그는 당신 '으로서' 일어납니다. 그가 당신 안에서 깨어날 때 당신 '으로서' 깨어납니다. 그가 당신 '안에서' 깨어날 때 그는 아버지입니다. 당신은 아버지이고, 당신 앞에 나타난 다윗의 모습을 통해 그가 누구이고 당신이 누구인지에 대한 확신이 생길 것이기 때문에 당신은 그가 아버지임을 알게 될 겁니다.

당신이 주 예수이자 당신이 아버지라는 증거를 보여주고 있는 당신의 아이가 있습니다. 이것이 성서의 내용입니다.

저는 여러분이 여러분 자신을 위해서, 그리고 여러분이 만나는 사람들을 위해서 지혜롭고 아름답게 상상력을 사용해보았으면 합니다. 그 사람이 어떤 사람인지는 신경 쓰지 마십시오. 그를 버리지 마십시오. 다시 한번 새롭게 만드십시오. 예레미야 18장을 다시 한번 유심히 보십시오. 예레미야는 '여호아가 일어날 것이다.'라는 뜻입니다. 그분은 인간 안에 묻혀 있습니다. 그분은 인간의 상상력입니다.

예레미야 18장의 처음 네 구절은 이렇습니다. "일어나서 토기장이의 집으로 내려가라. 그러면 그곳에서 내 말을 네가 듣게 할 것이다. 그래서 나는 토기장이의 집으로 내려갔고 그곳에서 그는 물레에서 일을 하고 있는 중이었다. 그리고 그가 진흙으로 만들고 있는 용기가 토기장이의 손에서 망가지자, 그가 그것을 자신이 보기 좋은 모습으로 다시 만들더라."

그분은 그것을 버리지 않았습니다. 어떤 이는 다시 쓸 수 없을 정도로 보입니다. 하지만 그를 버리지 마세요. 이 힘을 시험해보십시오. 이 창조의 힘을 말입니다. 무언가를 존재한다고 믿는 것보다 경이로운 힘은 이 세상에 없고, 인간이 지닌 힘 중에서 이것보다 더 창조적인 것은 없습니다.

위대한 시인인, 고(故) 로버트 프로스트는 이렇게 말했습니다. "우리의 건국의 아버지들은 그것을 미래에 일어날 일로 믿었던 것이 아닌, 지금 현재 있다고 믿었다." 그들은 민주주의가 탄생하는 시간에 대해서 생각하지 않았습니다. 그 시간은 여러분과 제가 사랑하고, 오늘 날 살고 있는 이 나라를 만들었습니다. 그들은 그것을 믿었습니다. 그들은 민주주의에 대한 생각을 가졌고, 그것은 유럽이 가졌던 것과는 달랐습니다. 유럽은 이 사상을 지녀보지 못했습니다. 민주주의 사상은 고대 그리스에서 사라졌습니다. 미국은 자유가 있기 때문에 세상에서 가장 복잡한 형태의 국가구조를 지니고 있습니다.

하지만 우리 건국의 아버지들은 그것을 미래에 생길 것으로 믿지 않았고, 현재로 믿었습니다. 인간이 지닌 힘 중에서 무언가를 사실로 믿는 것보다 더 창조적인 것은 없습니다. 당신이 무엇을 원하는지 아시나요? 당신이 지금 장미꽃 냄새를 맡는 것처럼 그것을 믿기 시작하십시오.

믿으세요. 그것이 사실이라면 과연 어떤 모습입니까? 그것이 사실이라면 어떤 소리를 듣고 있겠습니까? 결말로 가서 그것이 사실인 것처럼 사십시오. 당신이 그렇게 했다면 이제 그 일을 만들어줄 토기장이의 힘을 믿으십시오. 이 땅에서 당신과 내게 주어진 일은 단지 믿는 것입니다. 상상 활동이 가진 힘을 믿으십시오. 그리고 우리가 이 상상활동을 바꾸기 전에 외부 세상을 바꾸려고 하는 것은 사물의 본성과는 역행해서 일을 하는 것임을 명심하세요. 그렇게 할 수는 없습니다. 상상활동이 세상의 것들을 만들어내고 있고, 이 활동과 연관된 것들을 계속 만들어낼 것이기 때문입니다. 만일 내가 상상활동을 바꾸지 않는다면 세상은 그저 내 상상활동의 증거들을 실어다 줄 것이기에 어떤 변화도 일어나지 않습니다.

현재 어떤 상황에 처해있는지와 관계없이 상상을 바꾸세요. 당신은 상상을 실행시켰기에 잠자는 동안에도, 그리고 다른 생각을 하며 길을 걷고 있는 동안에도 상상은 계속 작동하고 있습니다. 상상활동을 믿으세요. 그것이 현실이라 믿는다면 누구도 알지 못하는 방법으로 이 세상에 모습을 나타낼 것입니다. 그것은 현실이 될 것입니다. 제 경험을 토대로 말씀드리는 겁니다.

최근 우리 가족의 사업은 50주년을 맞이했습니다. 우리는 돈한푼 없이 돈을 빌려 사업하는 불리한 조건에서 시작했습니다. 하지만 시편 133장에서 "형제들이 하나로 묶여 있을 때 얼마나 대단했는지 보라."고 말한 것처럼 되었습니다. 9남 1녀의 형제자매가 한 곳에 살았습니다. 전 17살에 미국으로 가기 위해 집을 떠났다가, 가족들을 보기 위해서만 이 섬에 들렀습니다. 하지만 굳게 맺어진 이 가족은 50주년을 얼마 전에 자축했습니다.

이건 정말 서인도제도의 작은 섬에서 일어난 가장 멋진 성공 스토리입니다.

금액에 관해서는 언급하지 않겠습니다. 하지만 사업을 하면서 지분을 두배로 늘리고, 또 두배로 늘리고, 또 두배로 늘리면서도 매년 말 주주에게 20퍼센트의 배당금을 지급한다는 것은 대단한 일입니다. 미국에서는 아마 6퍼센트 배당금만 주어도 만족할 겁니다. 8퍼센트를 지급하는 회사가 있다면 금세 그 주식은 동이 날 겁니다. 하지만 우리는 상장을 하지는 않고 지분을 전부 가족들에게 주었습니다. 가족 구성원 모두에게 지급하였고 저 또한 다른 가족들과 동일한 액수를 받고 있는 한 명의 구성원입니다. 물론 전 그들과 하나이고, 가족들도 그것을 알고 있습니다.

저도 한 명의 가족구성원으로서 아버지가 주셨던 지분의 20프로 배당금을 받습니다. 아버지는 형제자매들 모두에게 주었던 것만큼 제게도 주셨습니다. 아버지가 세상을 떠나셨을 때 우리는 똑같이 나눴습니다. 실제로 아버지는 1939년에 우리에게 지분을 주셨고, 1959년에 돌아가셨습니다. 아버지는 만일 본인이 필요하다 하시면 자식들 모두가 아버지에게 지분을 다시 넘길 것이라고 확신하셨기에 할 수 있는 결정이었습니다. 서인도제도의 법률은 어떤 사람이 증여한 시점보다 5년 이상을 더 산다면 세금이 없습니다. 그래서 1939년에 전쟁이 발발해서 앞날을 예상할 수 없게 되자, 아버지는 가진 것을 9남1녀에게 똑같이 나눠주었습니다.

이렇게 나뉜 지분에 매년 20퍼센트의 배당이 지급되고 있습니다. 빅터 형은 19살이었을 때 상상이 현실을 창조한다는 비전을 갖고 있었습니다. 형은 시내중심가에서 로츠상회(F.M. Roach & Company) 라는 간판이 걸린 빌딩을 보았습니다. 하지만 형은 그렇게 써진 대로 보지 않고, 조셉 고다드와 자식들(J.N. Goddard and Sons)이라고 보았습니다. 아버지 성함이 조셉 나달 고다드(Joseph N. Goddard) 입니다.

형은 매일 아침 출근길에 이 건물을 지날 때마다 조셉 고다드라고 읽었습니다. 마찬가지로 돌아오는 길에도 또 그렇게 읽었습니다. 2년이 지났을 때 이 건물이 매물로 나왔습니다. 하지만 우리에게는 돈이 없었습니다. 그런데 처음 보는 사람이 매물로 나온 날 찾아와서는 형에게 혹시 이것을 사기를 원하는지 물었습니다. 형은 "전 돈도 없고, 담보로 할 것도 없습니다."라고 대답했습니다. 그런데 그 사람은 다시 "내 변호사에게 이 건물을 매수하라고 하겠습니다. 6퍼센트의 이자를 내면서 10년 안에 돌려주면 됩니다. 이젠 당신 겁니다."라고 말했습니다.

그날 우리는 빌딩을 가지게 되었습니다. 10년 안에 빌린 돈을 다 갚았고 1921년 50만 달러에 샀던 건물을 노바 스코티아 은행(the Bank of Nova Scotia)에 84만 달러에 되팔았습니다. 바베이도스에서는 양도차익에 대한 세금이 없습니다.

이것이 빅터 형이 상상을 사용한 방법입니다. 형이 해낸 일입니다. 빅터는 한 순간도 기다리지 않았고, 자신이 무엇을 원하는지를 알았으며, 그의 손에는 토기가 들려 있었습니다. 그의 손은 그의 마음이고, 그는 단지 자신이 무엇을 원하는지를 정확히 알아서 그것을 만들었을 뿐입니다. 그는 세상 사람들의 이야기에는 신경 쓰지 않았습니다. 그런 것들이 무슨 대수입니까? 그는 전혀 관심조차 주지 않았습니다. 다른 사람이 하는 말이나 행동은 그의 관심을 끌지 못합니다. 그는 자신이 원하는 것을 정확히 알았고 그것을 얻기 위해 그것만 보고 달려갔습니다.

빅터 형에 대한 작은 일화를 소개해보겠습니다. 빅터는 2차 세계대전이 다가올 거란 걸 직감했습니다. 그곳은 배들만 들어오고 비행기는 없는 작은 섬이었기에 필요한 도움은 고양이 손이라도 필요할 지경이었습니다. 그 당시에는 상업 비행기는 없었고, 배들만 있었습니다. 빅터는 독일군이 예전에 했던 짓을 또 할 것이란 걸 알고 있었습니다. 그것은 보이는 배들 모두를 침몰시키는 것입니다. 그런 시간이 오면 섬 사람들은 필요한 물품들을 어떻게 구해야 할까요?

빅터는 나가서 은행으로부터 막대한 양의 돈을 빌렸습니다. 그리고 창고를 물건으로 아주 가득 채웠습니다. 또 다른 창고를 빌려서 그것들도 채웠습니다. 그런데 이렇게 수입된 물품들은 소비자에게 팔 수 있는 것이 아니라 선박들에게만 팔 수 있었습니다. 해양법을 이해하지 못한다면 무슨 말인지 모를 겁니다. 모든 종류의 물건들을 수입해서 창고에 쌓아 놓을 수 있습니다. 그러다가 선박이 그 물품을 필요로 할 때 창고에서 팔 수 있고, 그때는 어떤 세금도 붙지 않습니다. 하지만 수입한 물건을 지역 소비자에게 판다면 30 혹은 33 퍼센트의 세금이 붙습니다. 하지만 빅터는 섬에서 물건들을 필요로 할 것이라 생각하여 비축했습니다.

전쟁이 일어나고 배들이 오기는커녕 다 침몰당하고 있을 때 빅터의 창고에는 물품들로 가득했습니다. 거대한 창고의 비축품들(백만 달러가 훨씬 넘는)을 그냥 갖고 있을 수만은 없었습니다. 그래서 정부 관리자에게 가서 이 물품들을 무척이나 필요로 하는 지역 소비자에게 팔게 해달라고 요청했습니다. 관리자는 각계 전문가들의 회의를 소집했습니다. 하지만 그들은 "안됩니다. 우리가 해오던 방식대로 해야만 합니다. 그는 물건을 선박대상으로 가져온 것이기에, 오직 배에만 팔아야 합니다."라고 말했습니다.

그 당시 우리는 창고에 넣어둔 상품을 사기 위해 빌렸던 1백만 달러에 대한 대출금으로 8프로의 이자를 지급하고 있었습니다. 빅터는 관리자에게 가서, 그의 월급이 지역 상인들에 의해 지급되는 것이고, 그렇게 세금을 많이 내는 사람 중에 한 명이 자신이란 것을 상기시켰습니다. 아무리 당연한 사실이라고 하여도 그는 그런 이야기를 좋아하지 않았습니다.

그러자 빅터는 자리를 박차고 나가 자신의 변호사를 불러서, 배의 정의에 대해 물었습니다. "무엇을 배라고 할 수 있죠?" 변호사는 대답했습니다. "배는 항해를 할 수 있는 것을 말하죠. 바다로 나갈 수 있는 거요. 그러니까 묻고 싶은 것이 섬에서 100마일까지 나갈 수 있어야 배냐는 거죠?"

"네. 제가 질문하고 싶은 것이 그것입니다. 조금만 떠도 배라고 할 수 있지 않을까요?"

다음날 빅터는 신문에 커다란 광고를 내어 자신의 모든 상품들을 항목별로 열거했습니다. 그리고 이렇게 적었습니다. "뜰 수 있는 것을 가지고 있으면서 주민들에게 이 면세상품들을 팔 확신이 있는 사람이라면, 현금을 들고 오세요!" 24시간이 지나기 전에 창고의 모든 물품들은 동났습니다.

그들은 3야드도 움직이지 못하는 작은 보트를 타고 왔습니다. '당신이 용기를 갖고 있다면'이라고 덧붙인 문구처럼 말이죠. 그들은 그야말로 물건을 사서는 바다로 나갔다가 바로 섬으로 돌아와서 상인들에게 팔았습니다. 그래서 정부는 세금으로 받아야 할 33퍼센트의 돈을 눈앞에서 날리게 되었습니다.

빅터 형은 토기장이의 마음을 사용할 뿐입니다. 그는 토기장이가 누구인지 압니다. 그는 주가 누구인지 압니다. 그는 하느님 아버지가 누구인지 알며, 하느님이 자신의 경이로운 상상력이란 것을 압니다. 이것이 하느님입니다. 다른 하느님은 없습니다. 하느님은 우리가 하느님이 되게 하기 위해서 지금 우리 모습이 되었습니다.

하느님은 당신의 경이로운 상상력입니다. 그 누구라도 이것을 뺏어 당신에게 잘못된 하느님의 관념을 심게 하지 마십시오. 사람들은 항상 당신에게 잘못된 하느님을 주려고 합니다. 바깥세상에 있는 하느님에게 기도하려는 사람이라면 잘못된 하느님을 지닌 것입니다. 만일 그가 교회에 가서 기도를 하고 있다면 그곳은 올바른 장소가 아닙니다.

그곳은 하느님의 사원이 아닙니다. 바로 당신이 살아 있는 하느님의 사원이며, 하느님의 영이 거하고 있는 곳입니다. 그 영은 당신의 경이로운 상상력입니다. 자, 이제 이것을 지혜롭게 사용하세요. 지혜롭게 사용한다는 것은 사랑스럽게 상상력을 사용하는 것을 말합니다. 당신이 만약 다른 사람을 위해 당신의 상상력을 아름답게 사용하고 있다면 그때 당신은 하느님을 그 사람에게 연결해주고 있는 것입니다. 항상 상상력을 사랑스럽게 사용하십시오. 그러면 당신은 절대 잘못된 길로 가지 않을 겁니다. 모든 것은 당신이 향한 방향으로 계속 흐르고 흐를 것이고, 이것은 사랑스럽고 좋은 방향으로 당신을 인도할 것입니다.

그래서 수천 마일이나 떨어져 있지만 하나됨 속에서 살고 있는 제 형들은 제가 이곳에 잠들어 있는 동안에도 제 지분을 계속 늘려 가고 있습니다. "형제들이 하나됨 속에 거하고 있을 때 얼마나 축복되는지 보라!" 아버지가 항상 우리 형제자매에게 주입했던 말입니다. "저 녀석이 제 넥타이를 매고 있어요!"라고 말하는 것을 아버지는 용납하지 않았습니다. 그때마다 그건 네 넥타이도, 너희들 넥타이도 아닌 모두 다 아버지가 산 아버지의 것이라고 상기시켜줬습니다. 그래서 집에서 우리는 "처음 입은 사람이 가장 멋지게 입은 것이다."라고 말하곤 했습니다.

가족이 있다면 그들에게 이 문장을 주입하도록 하세요. "형제들이 하나됨 속에 거하는 것이 얼마나 축복되는지 보라!"

성서는 하느님이 누구인지에 대해 가르치지만 우리 인간들은 주의 깊게 읽지 않았습니다. "오, 주여! 그대는 우리의 아버지이며, 우리는 진흙이고 그대는 우리의 토기장이이며, 우리는 모두 그대 손의 작품들입니다." 이제 "일어나서 토기장이의 집으로 내려가라. 그러면 그곳에서 네가 나의 말을 듣게 하리라." 그러면 우리는 그곳에서 어떻게 일이 이루어지고 있는지 정확히 보게 됩니다. 그분은 자신이 주이기 때문에 엉망이 된 용기를 그대로 두지 않을 것입니다.

어떤 사람에 대해 당신이 지니고 있는 관념이 완벽하지 않을 수도 있습니다. 하지만 그렇게 생각하고 있는 존재가 바로 주입니다. 당신 자신에 대해 갖고 있는 관념이 당신이 지닐 수 있는 최상의 완벽한 관념이 아닐 수도 있습니다. 하지만 이렇게 상상을 하고 있는 존재(당신 자신)가 바로 주이며, 바로 하느님이며, 바로 아버지입니다. 만일 자신에 대해 지니고 있는 관념이 당신이 원하는 모습이 아니더라도, 그것을 버리지 마십시오. 그저 바꾸십시오. 당신 자신이 이미 원하는 모습이 되었다고 느끼는 것을 통해 관념을 바꾸십시오.

"그것이 사실이라면 어떤 모습입니까?"

저는 자주 의식의 상태에 대해 말합니다. 의식의 상태가 무엇인지 알고 있나요? 그건 분위기, 단지 분위기일 뿐입니다. 사실이 되었다면 어떤 분위기가 됐을까요? 내가 원하는 모습이 되었다면 그 느낌(분위기)은 어떨까요? 만일 이것이 사실이라면 난 세상을 어떻게 보고 있고, 세상은 또한 나를 어떻게 보고 있을까요? 이것이 분위기이며, 제가 말하고자 한 상태입니다. 당신은 이 상태에 들어가 그 안에 머물 수 있습니다. 원하는 것이 이루어진 상태 안에 거하며 그 안에서 살 수 있습니다. 그 일이 오늘 밤이나 내일 아침 일어나지 않을지도 모릅니다. 하지만 당신이 그 상태(그 분위기)에 일관된 마음을 지닌다면 당신의 세상 속으로 모습을 나타낼 것입니다. 그러면 당신은 당신이 지금 있는 위치에서(만일 지금 당신의 모습이 마음에 들지 않는다면) 당신이 원하는 곳으로 옮겨갈 것입니다. 당신은 토기장이가 누구인지 알며 토기장이의 집이 어디인지 알기 때문에 그 일은 그렇게 이루어질 것입니다. 당신이 세상 어디에 있든 그곳이 토기장이의 집입니다. 생각해보세요. 살아 있는 하느님의 성전은 당신이고 하느님이 당신의 토기장이입니다. 토기장이는 당신의 경이로운 상상력입니다. 그러니 하느님이 누구인지 당신은 압니다.

누군가 당신을 잘못된 하느님, 다시 말해 실제로 존재하지도 않는 어떤 다른 존재에게로 인도하지 못하게 하십시오. 하느님이라는 단어, 예수라는 단어(이것은 실로 놀라운 단어입니다)를 들었을 때 당신의 마음이 당신의 경이로운 상상력이 아닌 어떤 외부의 존재로 향하게 하지 마십시오. 멈추세요. 그리고 당신이 무엇을 상상하고 있는지를 관찰해보세요. 당신이 무엇을 상상하고 있든, 당신은 예수에게 그 일을 하고 있는 것입니다.

아무도 예수를 보지 못했습니다. 성서에는 그분의 생김새에 대한 묘사가 없습니다. 왜 그럴까요? 당신은 공간 속에 있는 어떤 외부적 대상을 관찰하는 것처럼 당신의 상상력(상상의 주체)을 볼 수 없기 때문입니다. 당신은 상상력(상상의 주체)이라 불리는 그 실체입니다. 그래서 상상력이 상상력을 관찰하는 것은 불가능합니다. 그저 상상력이 활동한 결실들을 볼 수 있을 뿐입니다.

당신의 세상에서 어떤 일들이 일어나고 있는지 보십시오. 당신은 상상활동의 결실을 관찰하고 있습니다. 하지만 당신은 이 활동을 하는 주체 자체는 보지 못합니다.

주이자, 토기장이인 하느님 아버지는 내 안의 순수한 상상력과 같습니다. 그분은 자각하는 능력을 포함한 나의 모든 기능들의 기저를 이루면서 내 존재의 깊은 곳에 거주하면서 활동합니다. 하지만 그분은 상상이라는 가장 본연의 모습과 비슷한 형태로 내 외부적 삶에 흘러 들어옵니다. 제가 상상을 하고 있을 때 전 이 상상이라는 활동 속에서 그분의 존재를 느낍니다.

전 앉아서 친구를 생각합니다. 그리고 친구가 무엇을 하고 있는지 살펴봅니다. 그러면 나는 이런 상상활동 속에서 그분을 발견하게 됩니다. 이것이 당신이 그분을 알아차리는 방법입니다. 하지만 당신은 그분을 보지 못합니다. 당신 앞에 그분의 아들(다윗)이 나타날 때까지는 그분을 진정으로 알지 못합니다. 다윗이 당신 앞에 서 있을 때 서로의 관계에 대한 어떤 의심도 사라집니다. 그때 당신은 당신 자신이 누구인지 알게 되며, 당신이 당신의 경이로운 상상력이라는 것을 알게 됩니다.

토기장이가 누구인지 알기를 바랍니다. 그리고 토기장이의 집이 어디인지, 그릇이 무엇인지, 그리고 진흙이 무엇인지 알기를 바랍니다. 이 이야기를 진지하게 받아들여서 당신이 숙련된 토기장이가 될 수 있기를 바랍니다. 그릇이 망쳐졌다고 내던지지 마십시오. 그저 그것을 토기장이가 보기 좋은 모습으로, 보다 완벽한 형태로 다시 만드십시오.

단언컨대 실패에는 단 한 가지 이유밖에 없습니다.

"자연스러움을 느끼지 못했기 때문입니다."

사실로 받아들인 것이 현실이 되는 데는 시간이 걸리며, 소유했다는 감정이 얼마나 자연스러운가의 비율에 맞춰 실현됩니다. 만일 어떤 것이 당신에게 자연스럽게(naturalness) 느껴지지 않았다면 당신의 본성(nature)이 되지 못했다는 말입니다. 내 이름으로 요청하라는 말은 내 본성(자연스러움)으로, 다시 말해 내 개성으로 요구하라는 것입니다. 따라서 기도할 때면 당신은 당신이 되고자 하는 것이 이미 되었다고 자연스럽게 느껴야만 합니다.

[리액트]

Facts Overflow The World
현실이란 홍수

현실이란 것은 홍수입니다. 이것은 재앙입니다.
이것 외의 다른 홍수는 없습니다.
우리는 실제로 삶의 현실들에 빠져 허우적대고 있으면서
언제나 그 현실들을 바꾸려고 합니다.
오늘은 이것이 이런 저런 것의 원인이고,
내일은 또 다른 것이 원인이고,
그 다음날은 또 다른 것을 원인으로 여깁니다.
우리는 이 원인들을 현실이라 믿으면서 숭배하고 있습니다.

성경에서 홍수에 대한 이야기를 읽을 때 우리는 아주 먼 옛날
에 일어났던 이야기로만 생각합니다. 하지만 전 지금 현재 일어
나고 있는 일이라고 말하겠습니다.

오늘 아침 여느 때처럼 KFAC 방송을 켰습니다. 그 채널에서는

책 읽기 좋은 아름다운 선율의 클래식 음악이 하루 종일 나옵니다. 전 자리에 앉아서 음악을 들으며 성경을 읽었습니다. 헤럴드 이그재미너(Herald Examiner)의 광고가 이 분위기를 깼습니다. 광고에서는, 자신들을 어떤 과장도 없이 사실만을 전해주는 지역신문으로 소개했습니다.

사실과 현실은 마치 홍수처럼 세상을 덮고 있습니다. 인간은 현실이란 홍수에 빠져 있고, 현실이란 홍수에 질식되어 있습니다. 만물은 상상력 안에 살고 있는 것이지, 현실 안에 살고 있는 것이 아닙니다. 상상력이 현실을 꿰뚫어 나가지 않는다면 폭우는 그대로 폭우인 채 우리를 덮칩니다. 우리는 현실이란 폭우 속에 있고, 이것이 성경에서 말한 홍수입니다.

한 사람이 감옥에 갇혀 있습니다. 그러면 이건 현실입니다. 그는 자신이 그 안에서 몇 년을 지냈는지 알고 있습니다. 이것도 현실입니다. 그는 자신이 이 구금된 곳에서 어떤 생각지도 못한 방법으로 풀려나가길 간절히 바라고 있으면서도, 상상력을 사용해서 현실을 꿰뚫고 나갈 생각을 하지는 않습니다.

1943년 3월 저 역시도 군대에 갇혀 있었습니다. 전 군대에 계속 있기를 원하지 않았습니다. 그래서 현실을 꿰뚫고 나가서 제가 가족과 함께 아파트에 있는 것을 봤습니다. 9일째 되던 날 명예 제대를 했고 저는 뉴욕시에 있는 제 아파트로 돌아왔습니다.

한 친구도 저처럼 군대에 있었습니다. 그는 프로이트 학파의 정신분석 전문의였습니다. 전 제가 어떻게 했는지에 대해 자세하게 편지를 적어서 그에게 보냈습니다. 하지만 어떤 답장도 없었습니다. 뉴욕시에서 강연을 할 때 그는 제 강연에 참석하곤 했습니다. 하루는 그가 이렇게 말했습니다. "네빌, 당신의 강연은 제 지루한 삶을 신비로운 세상으로 바꿔 놓는데, 전 그게 마음에 들어서 자주 참석하고 있어요. 하지만 당신이 상상력으로 현 상황에서 벗어난 사람들의 이야기를 하는 동안에도 전 여전히 의자에 앉아서 제 발은 땅에 단단히 대고서는 현실과 사물들의 단단함을 느끼고 있죠." 그는 현실을 꿰뚫고 나가려고 하지 않았습니다. 그래서 그는 언제 군대에서 나오게 되었을까요? 그는 현실을 놓아버릴 수 없었기 때문에, 몇 년이 지난 후 다른 수백만 명의 사람들이 나올 때 같이 나오게 되었습니다.

이것이 홍수이고, 이것 외의 다른 홍수는 없습니다. 우리는 현실이란 홍수에 빠져 질식되어 가고 있습니다. 상상력을 사용해 현실을 꿰뚫고 나가는 것에 대한 것을 성경이 가르치고 있나요? 예, 물론 그렇습니다. 창세기 27장의 이야기를 보도록 하겠습니다.

이삭과 그의 두 아들(쌍둥이)에 대한 이야기가 잘 기억이 나지 않는다면 제가 그 이야기를 다시 해보겠습니다. 이삭은 에서와 야곱의 아버지입니다. 에서는 털이 많은 아이였고 첫째였습니다. 야곱은 털이 없었고 둘째였지만, 첫째의 자리를 차지하게 됩니다. 이삭은 나이가 들었을 때 눈이 침침해져서 앞을 볼 수 없었습니다. 다시 말해 맹인이 되었습니다. 이삭은 아들 에서를 불러서 이렇게 말했습니다. "내가 앞을 볼 수 없고 살 날이 얼마 남지 않았구나. 들판에 가서 사냥을 해서, 내게 맛있는 사슴고기를 잘 준비해오너라."

첫째 아이보다 둘째를 더 사랑했던 리브가는 에서와 이삭 간에 오간 이야기를 엿듣게 됩니다. 리브가는 야곱이 축복받기를 원했기에, 염소 무리에서 새끼 한 마리를 가져와 죽이라고 했습니다. 야곱은 "아버지가 그걸 알아챈다면요?"라고 물었습니다. 그러자 리브가는 "그건 나에게 맡겨라. 만일 발각된다면 내가 다 책임질 것이다."라고 대답했습니다. 야곱은 새끼염소의 가죽을 뒤집어쓰고는 재빨리 이삭에게 갔습니다. 이삭은 "이리 와보라. 내가 널 만져, 네가 진짜 내 아들 에서인지 아닌지 알 수 있게 가까이 오너라"고 했습니다.

야곱이 이삭의 곁으로 다가가자 그를 만져보았습니다. 이삭은 이렇게 말했습니다. "목소리는 야곱의 것이나 손은 에서의 것이구나." 그리고는 그에게 축복을 주었습니다. 야곱이 아버지 곁을 떠나자마자 에서가 맛 좋은 사슴고기를 가지고 왔습니다. 아버지는 말했습니다. "내가 이미 먹었는데, 그렇다면 왔었던 것은 누구였느냐?" 그리고는 간교한 속임수를 써서 자신을 속였던 것이 아들 야곱이었다는 것을 알게 됩니다. "하지만" 아버지는 말을 잇습니다. "너에게 주어야 할 축복을 이미 야곱에게 주었고, 나는 그것을 취소하지 못한다. 그가 축복받았기에 모든 이가 그를 섬길 것이다."

이 책의 앞 부분에는 방주에 대한 이야기가 나옵니다. 방주를 아랫부분, 중간 부분, 윗부분 세 개 층으로 지으라고 합니다. 그러면 여러분은 방주를 어떤 거대한 건물로 생각할지도 모릅니다. 하지만 방주의 크기를 생각해보세요. 모든 동물들의 암수 쌍, 선한 것들은 7쌍, 게다가 이것들을 40일 밤낮 먹일 충분한 음식까지, 이것들을 다 실을 수 있을 정도로 커다란 방주는 상상할 수 없습니다. 그럼에도 불구하고 이것이 그 이야기입니다.

자, 이 방주에는 세 개층이 있습니다. 이것은 명백한 현실이란 층, 그리고 현실이라는 것들에 대한 마음의 해석이란 층, 그리고 나머지 하나는 이 이야기에 대한 영적인 완성이란 층입니다. 이렇게 셋이 아래 층, 두번째 층, 세번째 층을 구성합니다.

여기 두번째 층의 완벽한 예시가 있습니다. 지금 이 방은 현실입니다. 하지만 내가 이곳에 있기를 원하지 않는다고 가정해보세요. 이곳이 내게는 감옥이라고 가정해보세요. 내가 이곳에서 나갈 수 있나요? 현실을 꿰뚫고 나가는 방법을 안다면 할 수 있습니다. 내가 방주이고, 모든 것이 인간의 상상력 안에 존재하고, 인간의 상상력과 하느님은 하나라는 것을 안다면 나는 상상력으로 어떤 벽도 뚫고 나갈 수 있습니다. 바로 지금, 눈깜짝할 사이에 이 단상이 아닌 바깥 도로에 서서, 이 단상을 볼 수 있습니다.

어쩌면 "그렇게 하는 게 무슨 소용이죠?"라고 말할지도 모릅니다. 나는 그렇게 상상력을 이용해서, 내 발 밑에 있는 도로의 단단함을 느끼고, 이곳에서 거리를 보는 대신 거리에서 이 건물을 봅니다. 그러면 나는 그곳에 가게 될 것입니다.

성서가 가르치는 것이 이것입니다. 이것이 축복입니다. 난 현실을 꿰뚫고 나갈 수 있고, 현실을 꿰뚫고 나가면서 이 세상 어디라도 내가 원하는 곳에 서 있을 수 있습니다. 그러면 이런 약속이 주어집니다. "너의 발 하나라도 서게 되는 곳이라면, 나는 그것을 너에게 주었더라." 나는 당신에게 약속하면서 약속을 지키지 않는 일은 하지 않을 것입니다. 만일 당신이 그곳에 서 있을 수 있다면 나는 그것을 당신에게 줄 것입니다.

제가 군대에 있을 때 전 실제로 제 아파트의 바닥 위에 서 있었고, 제 침대와 방 안의 모든 가구들에게 현실이란 느낌을 주면서 그것들을 느꼈습니다. 하지만 제 친구는 자신이 자는 곳 외에 다른 곳에서 잠드는 것을 사실로 받아들이려 하지 않았습니다. 왜냐하면 그가 보기에는 이것이 마음을 분열시키는 것이고 그렇게 자신을 분열시키는 일은 하면 안된다고 배웠기 때문입니다. 그는 정말 그 후 3년 동안 그곳에 있었습니다. 막사의 아주 작은 공간에서 말입니다.

벤자민 디즈레일리는 이렇게 말했던 적이 있습니다. "인간은 환경의 산물이 아니라, 환경이 인간의 산물이다." 그는 자신의 상상력으로 모든 것을 창조하는 법을 알았습니다. 성서는 세속의 역사가 아닙니다. 수천년 전에 일어났던 사건이 아니라, 지금 현재의 이야기입니다. 홍수는 지금도 계속되고 있고, 이 광대한 세상 전부는 현실이란 홍수에 잠겨 있습니다.

그 누구도 비난하지 마십시오. 예수는 간통을 저지른 여인을 비난하지 않고, 다만 "무엇을 원하는가? 가서 더 이상 죄를 짓지 말라."고 말했습니다. 예수는 간통 행위를 죄라고 말하지 않았습니다. 다만 당신이 그것을 죄라고 부른다면 그 행위를 하지 마십시오. 죄는 무엇을 해야 할지 알면서 그 일을 하지 않는 것입니다. 만일 내가 현실을 꿰뚫고 나가는 법을 알면서도 하지 않는다면 이루지 못한 욕망이 남기 때문에 죄를 범한 것입니다. 하지만 내가 현실 너머로 가서, 스스로 하나의 상태를 만들고 그것을 생각하는 대신 그것으로부터 보면서 그 안에 머문다면 그것은 나의 세상에 반드시 모습을 나타냅니다.

이 세상에서 가장 잘못된 것은, 계속해서 살 곳을 짓고는 그곳에서 살지 않는 것입니다. 만일 내가 그 상태를 꿰뚫고 나가서 새로운 상태를 입체적인 현실로 만들지 않는다면 마음의 눈 안에서 내가 현실로 만들고자 하는 사랑스러운 것들 모두를 창조하면서 그곳에 거주하지 않는 것입니다.

촉각은 시각, 청각, 후각보다 우리가 더 깊게 믿는 것입니다. 어느 날 저는 꿈에서 어떤 장면에 있었습니다. 바다에 빠진 거대한 기둥이 제 앞에 보였습니다. 기둥을 지탱했던 버팀대는 사라진 채 말뚝만 남아 있었습니다. 전 제가 꿈을 꾸고 있다는 것을 알아차리고는 속으로 말했습니다. '만일 이 말뚝이 단단한 실체로 보일 때까지 내가 이것을 쥐고 있다면 난 깨어나게 되겠지.' 전 온 힘을 다해서 말뚝을 잡고는 이렇게 말했습니다. '네빌, 넌 지금 꿈꾸고 있다는 것을 알고 있어, 일어나!' 그러자 제가 깨어난 곳은 물가였습니다. 게다가 저는 이전에 꿈이었다고 생각했던, 물에 놓여 있던 말뚝을 실제로 잡고 있었습니다. 제가 깨어난 곳은 지금 이 세상과 같은 현실인 세상이었습니다. 전 제가 동인도 제도의 원시림 지역에 있다는 것을 알았습니다. 그때 이상한 모습의 동물이 해안 쪽으로 내려오자 전 놀랐습니다. 그렇게 감정의 동요가 생겼을 때 뉴욕시의 침대에서 깨어났습니다. 이 경험을 통해 촉각의 비밀에 대해 발견했습니다.

그래서 이삭은 말했습니다. "내가 너를 만질 수 있게 가까이 다가와라." 이삭은 야곱의 목소리를 듣고는 말했습니다. "너의 목소리는 야곱의 목소리이구나. 네가 진짜 에서가 맞는지 만져볼 수 있게 가까이 오도록 해라." 이삭은 그렇게 만져보았습니다.

수년 전, 비버리 힐스의 제 방 침대에 누워 있는 동안 저는 제가 보면 안 되는 것을 보고 있다는 것을 알았습니다. 고급호텔의 내부가 보였습니다. 의식은 보이는 것을 따라갔고, 전 제가 그 호텔 방 안에 있다는 것을 알았습니다. 하지만 전 비버리 힐스의 제 방 침대에 있었다는 것을 알았기에 침대로 돌아갔습니다. 여전히 그 방의 내부가 보이자, 전 다시 돌아왔습니다. 꽤 재밌었기 때문에 20번 정도를 반복했습니다. 저는 그 방에 들어갔는데, 이곳이 현실세상인 것처럼 그곳도 현실세상이었습니다. 그런 후 다시 제 침대로 돌아왔습니다.

결국에 전 이렇게 결심했습니다. '결과가 어떻게 되든, 그 방을 좀 살펴봐야겠어.' 그래서 그 방으로 다시 들어갔습니다. 제 방은 침대부터 해서 대략 30*20 정도의 크기였는데 제가 살펴보겠다는 마음으로 그곳에 들어가자 그 방은 3분의 1정도로 줄어든 채 제 주변을 에워싸고 있었습니다. 아주 잘 꾸며져 있지만 사용하고 있는 사람이 없는 커다란 스위트룸의 드레스 룸이었습니다.

전 문을 통해 나가고 싶었습니다. 그곳은 제게 단단한 현실이었기 때문에 유령처럼 빠져나가는 것이 아니라 손으로 문을 열고 걸어서 나왔습니다. 그리고는 넓은 복도로 이어지는 복도를 따라 걸었습니다. 모든 불빛이 켜져 있었고, 두 숙녀분이 제 쪽으로 걸어오고 있었습니다.

전 이것이 꿈에서부터 시작했기 때문에 시작도 꿈이라면 당연히 이것도 꿈이라고 생각했습니다. 전 여성분에게 말했습니다. "이건 꿈입니다. 이 세상 전체는 꿈이예요." 그러자 그들이 저를 경계하기 시작했습니다. 낯선 이가 다가와서는 이 세상 전체가 꿈이라고 말하는데 누가 그런 사람을 무서워하지 않을 수 있을까요? 그들은 될 수 있는 한 제게서 멀리 떨어졌고, 벽 맞은 편으로 걸어갔고, 그 뒤에 있던 분은 저를 매우 의심스럽게 쳐다봤습니다.

그때 공중에 걸려 있는 것 하나가 제 눈에 띄었습니다. 제 친구의 집에서 봤던 것과 유사한 조명기구처럼 보였습니다. 그래서 전 그들에게 말했습니다. "이것 좀 보세요." 그리고 제가 그것을 집었을 때 그건 놀랍게도 흐릿한 물체나, 기억 속의 이미지가 아닌 진짜 단단한 것이자 현실이었습니다. 그러자 그들은 저를 보더니 쏜살같이 자신들의 방으로 들어가버렸습니다.

그곳에서 전 이 조명기구를 든 채 홀로 서 있었습니다. 속으로 말했습니다. '네빌, 넌 이게 꿈이란 걸 알아. 처음이 꿈이었어. 그러니 그 끝도 꿈이야. 어서 일어나!' 전 그 조명을 든 채 보이는 것들을 향해 눈을 감았다가 다시 떴습니다. 그런데 저는 그곳에 그대로 있었습니다.

비버리 힐스에 있는 집에 어떻게 돌아가야 할지 막막했습니다. 이곳에는 제가 쉴 곳이 없었습니다. 그때 느낌이 열쇠라는 생각이 났습니다. 그래서 전 베개를 베고 있는 제 머리를 상상했습니다. 제 머리 밑에 있는 베개를 느낄 수 있게 되자 제가 똑바로 누워있는 것이 느껴졌습니다. 그런데 몸이 움직이지가 않았습니다. 눈도 뜰 수 없고, 손이나 손가락도 움직일 수 없었습니다. 전 죽은 몸뚱어리 안의 살아있는 존재였습니다.

혼잣말로 말했습니다. '내일 아침이면 사람들이 이 몸뚱어리를 발견하겠지. 보험에 들어있으니까 누가 내 목숨을 뺏은 것이 아니란 것을 밝히기 위해 사망원인을 찾아 해부를 하겠군.' 그들은 비록 답을 찾지 못해도 언제나 사망원인에 대한 질문을 합니다. 어떤 사인명이라도 넣을 겁니다.

전 눈을 뜰 수 없었지만 애를 쓴 지 약 15초에서 20초가 지나니 새끼 손가락을 움직일 수 있었고, 그 다음에는 손을 움직일 수 있었습니다. 우리는 더블침대에 자고 있었는데, 손을 뻗어 아내 몸의 온기를 느꼈습니다. 그래서 제가 침대로 다시 돌아왔다는 것을 알았습니다. 또 힘을 다해서 움직이려 했더니 15초에서

20초가 지났을 때 눈을 떴고, 방 안의 모든 것을 인식할 수 있었습니다.

저는 이 세상과 같은 또 다른 세상에 들어갔습니다. 저는 여러분에게 세상 안에는 세상이 있고, 그 안에는 또 세상이 있다고 말합니다. 이것들은 모두 지금 여기 있습니다. 라디오를 켜는 것과 같습니다. 아주 약간만 다이얼을 돌리면 완전히 다른 것들을 방사하고 있는 새로운 파장과 새로운 방송이 나옵니다. 그런데 이것들은 전부 서로 영향을 주지 않고 존재합니다.

이 세상들은 모두 지금 여기에 있습니다. 우리가 이 세상을 사람들로 가득 채우고 있는 것처럼, 그 세상들도 그렇습니다. 그 세상들은 이곳과 마찬가지로 실제 세상입니다. 그것은 지구입니다. 저는 그 그곳으로 걸어 들어가는 듯했습니다. 그런데 그곳은 제가 잠자는 침대 공간을 차지하고 있으면서도 제 침대로 인해 조금도 방해받지 않았습니다. 그리고 제가 들어갔던 그 세상도 비버리 힐스에서 제가 살고 있는 집을 방해하지 않았습니다.

현실이란 것은 홍수입니다. 이것은 재앙입니다. 이것 외의 다른 홍수는 없습니다. 우리는 실제로 삶의 현실들에 빠져 허우적대고 있으면서 언제나 그 현실들을 바꾸려고 합니다. 오늘은 이것이 이런 저런 것의 원인이고, 내일은 또 다른 것이 원인이고, 그 다음날은 또 다른 것을 원인으로 여깁니다. 우리는 이 원인들을 현실이라 믿으면서 현실을 숭배하고 있습니다.

모든 것은 인간의 상상력 안에 있습니다. 인간은 오직 상상력일 뿐입니다. 그리고 하느님은 인간이고, 우리 안에 존재하며 우리도 또한 그분 안에 존재합니다. 인간의 불멸의 몸은 상상력이며 이것이 하느님 그분입니다. 이것 외의 다른 하느님이란 없습니다. 이것은 모두 당신의 경이로운 상상력입니다. 이 광대한 세상 전부가 바라는 한 가지는 이 상상력을 깨우는 것입니다.

상상력이 당신 안에서 깨어날 때 당신은 세상이란 공포로부터 해방됩니다. 왜냐하면 세상은 그저 생명이 전해진 것 안에서는 형태가 동일하게 유지되는 법칙일 뿐이기 때문입니다.

특정한 시기가 되면 돈이 부족하게 되는 것을 경험해본 적이 있나요? 왜 그럴까요? 습관 때문이고, 그건 당신의 생명이 전송된 상태입니다. 예를 들어 12월이 되면 돈이 항상 부족하다는 관념이 당신의 마음 안에 만들어집니다. 그러면 당신은 오늘 5만 달러를 받게 되더라도 12월이 가기 전에 그 돈을 빌려주거나 써버리고 난 후, 또 돈에 허덕이게 됩니다. 이것은 특이한 노예상태인데, 생명이 전송된 것 안에서 동일한 형태가 나타나는 법칙입니다.

이제 당신은 현실이란 것을 꿰뚫고 나가서 깨버릴 수 있습니다. 저는 법이나 예언을 폐하려고 온 것이 아니라, 이것들을 성취하려고 온 것이며 당신에게 진짜 법칙을 알려주려 이 자리에 있는 것입니다. 법이란, 밥 먹기 전에 손을 씻으라고 하는 것과는 다릅니다. 그것도 물론 아주 청결하고 좋은 일이지만 제가 전하는 법은 아닙니다. 제가 전하려 하는 것은 특정한 식단이나, 이런저런 행동을 하라, 하지말라 이런 것은 아닙니다. 예수는 모든 법칙을 마음에 관한 것으로 설명했습니다.

예수는 십계 중 하나를 예로 들어서 모든 것이 어떻게 마음에 관한 해석으로 적용되는지 상세하게 보여주었습니다. 이렇게 말했습니다. "그대는 간음을 저지르면 안된다는 이야기를 들었더라. 하지만 내가 그대에게 말하니, 여자를 음탕한 눈으로 보는 자도 이미 그의 마음에서 그 일을 행한 것이더라." 어떤 남자가 이것을 저지르지 않았을까요? 예수는 이렇게 모든 것이 마음에 관한 것이라고 말하고 있습니다.

당신은 충동 자체를 막을 수는 없습니다. 다만 충동이 일어나도 결과가 두려워서 실제로 하지 않을 뿐입니다. 어쩌면 누군가에게 발각되는 것이 두렵기 때문일지도 모릅니다. 행동으로 이어지지 않게 하는 많은 두려움들이 있습니다. 그런데 이 충동은 여전히 그곳에 그대로 있습니다. 예수는 당신에게 충동이 있다면 행위를 한 것과 같다고 말했습니다. 충동이 행위라면 상상이 창조 행위라는 말이 됩니다. 충동이란 상상행위이기 때문입니다. 전 저의 상상 행위를 관찰해야만 합니다. 왜냐하면 이 상상속의 행위가 현실이 되어 삶에서 마주하게 될 것이기 때문입니다.

샌프란시스코의 한 여성분은 이렇게 말했습니다. "전 제 오빠가 무죄라고 생각하지만 그 사건의 팩트가 무엇인지는 몰라요. 오빠는 군대에서 6개월의 강제노역형에 처해졌어요. 오빠가 그런 일을 당해야 한다고 생각하지 않아요." 그래서 전 "오빠가 나오길 바라는 거죠?"라고 말했더니, 그녀는 "물론이예요."라고 대답했습니다. 전 말했습니다. "오빠가 나온다면 어디로 갈까요?" "곧장 제가 있는 곳으로 올 거예요." "당신이 있는 곳에 왔다면 당신은 어떻게 할 건가요?" "전 그를 안고 입을 맞출 거예요. 그리고 어루만질 거예요." 전 말했습니다. "좋아요. 오늘밤 집에 갔을 때 당신의 오빠가 거기에 있고, 당신이 그를 껴안는 것을 상상해보세요."

다음주 일요일 아침, 샌프란시코의 강연에서 그 여성분이 일어나서 다음의 이야기를 해줬습니다. "전 집에 가서 상상을 시작했어요. 초인종이 울려 제가 밑으로 쏜살같이 내려가 문을 열었더니 오빠가 거기 서 있는 장면이었죠. 너무나 생생하게 상상해서, 거기 서 있는 오빠가 보이지 않자 실망감을 느끼고 다시 올라올 정도였죠.

며칠이 지나, 초인종이 울렸을 때 전 제 방 안에 앉아 있었어요. 초인종 소리를 듣자마자 무슨 일이 벌어지고 있는지 알았기에 전력을 다해 아래층으로 내려갔어요. 문을 열어젖혔더니 오빠가 있었어요."

비결은 직접 해보는 겁니다. 우리가 이 힘을 작동시키는 권능이고, 홍수는 지금 계속되고 있습니다. 홍수가 이미 끝났다는 말에 동의하지 마십시오. 우리가 삶의 사실적인 면만을 원하고 있기에 홍수는 계속 깊어지고, 더 깊어지고 있습니다. 눈에 보이는 사실적인 것만 원하나요? 그렇다면 당신을 가두고 있는 감옥의 벽만 두껍게 만들고 있는 겁니다.

현실이란 벽을 어떻게 꿰뚫고 나갈 수 있는지 배우십시오. 당신이 현실을 꿰뚫는다면 현실 너머에 있는 특정한 목표를 향해야만 합니다. 지금 무엇을 원하나요? 당신의 소망이 성취된 상태 속으로 들어가십시오. 어떤 상태인가요? 그 상태는, 당신이 결정합니다. 이 세상에서 무엇을 원하는지 결정한 후에 그 상태로 곧장 들어가세요. 그리고 현실이란 것은 무시하세요.

당신이 이렇게 상상 속에서 이루어졌다고 느낀 것을 현실은 여전히 부정할 겁니다. 전혀 문제되지 않습니다. 현실은 그냥 그대로 두세요. 당신이 믿음을 유지해서 이 상태에 계속 머문다면 현실은 모두 해체되어버릴 겁니다.

당신은 이것을 직업에 대해서 할 수도 있습니다. 뉴욕에 있는 한 분은 엔지니어였습니다. 어느 날 그는 이렇게 말했습니다. "네빌, 전 더 많은 돈과 더 많은 업무를 원해요. 옮기고 싶은 회사가 있어요." 제가 말했습니다. "그 회사가 어디에 있는지 알아요?"

"네. 매디슨 가에 위치해 있어요. 그 회사는 전 세계에 다리와 댐을 짓고 있죠. 그곳에서 저를 해외로 보내주면 지금보다 세 배의 봉급을 받을 수 있어서 그곳으로 직장을 옮기기를 원해요." 전 말했습니다. "그곳에서 당신을 해외로 보내기 전에, 당신은 본사에서 일하게 되겠죠? 그렇다면 만일 당신이 그 직장을 얻게 된다면 앉게 될 자리를 직접 가서 보고 오세요."

그는 그곳으로 가서, 일하게 될 책상을 고르고, 또 그 주변환경들을 눈에 익힌 후에 집으로 돌아왔습니다. 집으로 돌아온 그는 자신이 정한 책상에 앉아서 자신이 원하는 연봉을 받으며 회사에 근무하고 있는 것을 사실로 받아들였습니다. 한달이 지나기 전에 그는 원하던 직장에 들어가게 되었고, 입사 후 2주가 지났을 때 다리를 건설하기 위해 근동지역으로 가게 되었습니다.

자, 언젠가는 여러분이 이 육신의 겉옷을 벗게 될, 피할 수 없는 날이 오게 될 겁니다. 그날이 왔을 때 당신은 지금과 같은 문제를 그대로 갖고 있으면서 이 지상에서 다시 살고 있는 것을 보게 될 것입니다. 하지만 당신은 법칙을 알기 때문에 삶의 문제들을 어떻게 해결하는지를 알고 있을 것입니다.

성경의 이야기는 처음부터 끝까지 모두 지금 현재에 대한 것입니다. 예수는 예전에 돌아가신 분이 아닙니다. 우리 인간 안에 살아 있습니다. 지금도 인간 안에 살아 있습니다. 하느님 그분은 당신과 내 안에서 그리고 세상 모든 사람 안에서 예수라는 인격을 통해 인간의 역사 속으로 들어왔고, 지금도 들어오고 있습니다. 당신이 주 예수라는 것을 알게 될 날이 올 것입니다. 지금 당신은 잠들어 있습니다. 하지만 언젠가는 당신이 아버지라는 사실을 완벽하게 알게 될 날이 올 것입니다.

당신은 이 세상의 모든 힘들을 다 가지고서도 자신이 하느님인 것을 모를 수 있습니다. 당신은 이 세상에는 다른 것은 없고 오직나 자신밖에 없다는 인식을 가지면서도 당신이 하느님이란 것을 느끼지 못할 수 있습니다. 당신에게 우주를 파괴할 힘이 있다고 해도 여전히 자신이 하느님인지 알지 못할 겁니다. 오직 하느님의 아들이 다가와서, 당신이 그의 아버지라는 것을 알게 될 때 그때서야 자신이 하느님인 것을 알게 됩니다. 이것 외에는 이 사실을 알 방법이 없습니다.

1926년 밤 10시쯤 전 책을 읽고 있었습니다. 다음날 아침 9시가 되어 일어났을 때 책이 제 가슴에 떨어진 채로 그대로 있고 침대 옆의 전등도 여전히 켜진 걸로 봐서, 제가 자는 동안 조금의 미동도 없었다는 걸 알 수 있었습니다. 아주 깊고 깊은 잠에 들었었고, 그 상태에서 전 무한의 빛이 되었습니다. 경계도 없던 무한한 빛 전체의 중심부가 저였습니다. 저 외의 다른 빛이란 없었습니다.

그 무한하고 살아 숨쉬는 빛 외에는 태양도, 달도, 별도 아무것도 존재하지 않았습니다. 하지만 이런 체험마저도 내가 하느님이란 인식을 갖게 해주지는 못했습니다. 오직 내가 그분의 아들을 보고, 그가 나를 아버지라고 불러, 내가 그의 아버지임을 알게 되었을 때만, 그때서야 비로소 나는 내가 누구인지에 대한 작은 의심마저 날려버릴 수 있었습니다. 언젠가 당신도 이것을 경험하게 될 것이고, 이 경험으로 인해 당신도 하느님이란 것을 알게 될 겁니다. 세상에서는 다른 어떤 것도 이것을 확신시켜줄 것이 없습니다.

하지만 그 일이 일어나기 전까지는 현실이란 벽을 꿰뚫는 것을 배우십시오. 감옥에 갇힌 사람이 그 안에 항상 있을 필요는 없습니다. 어떤 이는 과식이라는 감옥에 갇혀 있습니다. 그런 사람도 만일 원하기만 한다면 그것을 부술 수 있습니다. 어쩌면 그걸 진정으로 원하지 않을지도 모릅니다. 하지만 만일 과식이란 것을 극복하고자 한다면 마음의 눈에서 자신이 친구에게 더 이상 음식에 대한 갈망이 없어졌다고 말하는 간단한 장면을 그리게 하십시오. 그러면 어떤 약물적인 치료 없이도, 식탐은 더 이상 존재하지 않을 겁니다.

모든 것은 습득될 수 있습니다. 저는 지금은 굴을 좋아합니다. 특히나 동부 유럽의 굴을 매우 좋아합니다. 그런 저도 처음 굴을 맛봤을 때는 거의 죽을 뻔했습니다. 9살이나 10살 무렵이었는데 어머니와 함께 버진 아일랜드에 갔습니다. 우리는 그곳 음식점에 가서 큰 테이블에 앉았습니다. 어머니는 제게, 앞에 앉아 계신 숙녀분이 하는 것을 잘 보고 따라하라고 말했습니다. 전 테이블에 앉아 있었고, 굴 접시가 제 앞에 있었습니다. 살면서 굴은 그때 처음 봤습니다.

숙녀분이 접시 옆에 있는 작은 포크를 드는 것을 보고는, 저도 제 포크를 들었습니다. 그리고는 냉이 조금, 타바스코 소스 조금을 한데 섞은 후에 굴에 살짝 찍은 후, 마치 입 안에 꿀이라도 넣듯이 입속으로 넣었습니다. 저도 그런 환상의 맛을 기대하고는 그녀가 하는 것처럼 했습니다. 입 안에 굴을 넣었을 때, 세상에! 저는 도저히 아래로 넘길 수 없었고, 목에 턱 걸리게 되었습니다. 그런데 웃긴 것은 그게 한 접시만 있는 게 아니라 다섯 접시나 더 있었고, 그것들을 다 넘겨야만 한다는 사실이었습니다.

태어날 때부터 특정 취향의 입맛을 지닌 것이 아니라, 이 맛들은 학습되는 겁니다. 당신은 편안하게 사는 맛도 받아들일 수 있습니다. 신사처럼, 혹은 숙녀처럼 생활하는 맛도 받아들일 수 있습니다. 당신은 월세 내는 압박이 없는 신사처럼, 숙녀처럼 살기를 원합니다. 그럼 좋습니다. 자신을 그런 신사, 숙녀로 받아들이십시오. 현실의 벽을 꿰뚫고 나가십시오. 현실은 당신에게, 당신은 그렇지 않다고 말합니다. 현실을 꿰뚫고 나가서 당신이 이미 그것을 지니고 있는 것처럼 그 상태 안에 사십시오. 그러면 제 경험으로 미루어 보아 당신은 그렇게 될 것입니다.

"어떻게"라고 묻지 마세요. 길과 방편은 당신이 들어간 상태 안에 이미 다 갖춰져 있습니다. 당신이 하나의 상태에 들어가면 그 상태는 외부로 나타내는 데에 필요한 모든 것을 이미 다 갖추고 있습니다. 멋진 상태를 고르십시오. 그리고 그것 속으로 곧장 들어가서 그곳에서 거주하십시오. 전 이것을 상태를 차지하는 것이라고 부르기도 하고 소망하는 것을 생각하는 것이 아닌 소망으로부터 생각하는 것이라고 부르기도 합니다. 지금 당신은 현실들이 당신을 둘러싸서 당신을 옴짝달싹 못하게 하고 있는 현 상태로부터 생각하고 있습니다. 지금 그렇게 당신이 생각하고 있는 것처럼 당신의 상상속에서 다른 상태로 들어가서 그곳으로부터 생각하십시오. 그러면 당신의 현실들은 그 새로운 상태에 정박될 것입니다.

당신이 새로운 집이나 새로운 도시에 가게 된다면 새로운 곳에 적응해야 한다는 걸 알고 있나요? 네, 여러분은 수많은 상태들을 거쳐가는 순례자입니다. 이 상태들은 그곳에 남아 있습니다. 하지만 순례자인 당신은 이것들을 지나갑니다. 여행자처럼 거쳐 갑니다. 당신은 한때 가난했다가 그것으로부터 나와 풍요의 상태로 옮겨갔더라도 가난은 상태로 남아 있습니다. 누군가가 이 상태에 들어갈 수 있습니다.

블레이크는 이렇게 말했습니다. "난 정의로운 자나 사악한 자나 궁극적인 상태 안에 있다고 생각하지 않고, 선악의 치명적인 꿈에 빠져들게 한 잠의 상태에 있다고 생각한다." 하나의 영혼은 하나의 상태를 생각해보다가 자신이 그것에 빠져서 그것 안에 들어가 있는 것을 발견합니다. 그는 부자일 수도 있고, 가난할 수도 있습니다. 하지만 이것들은 그저 상태들일 뿐입니다. 어떤 상태에 들어가 있는 사람을 비난하지 마십시오. 왜냐하면 이곳에 들어가 있는 이는 하느님이기 때문입니다.

가난이라는 상태에 들어가 있는 이는 '가난하다'라고 말하기 전에 '나는(I am)'이라고 말합니다. '나는 부자다.'라고 말할 때의 '나는(I am)'과 '나는 가난하다.'라고 말할 때의 '나는(I am)'은 전혀 다르지 않습니다. 부의 상태를 점유하고 있는 것과 가난의 상태를 점유하고 있는 존재는 똑같은 나(I AM-ness)입니다. 당신은 어떤 상태라도 들어갈 수 있으며, 그 상태에 있는 존재가 하느님입니다. 당신은 옷을 입고 있는 것처럼 이 상태들을 걸치고 있습니다.

하지만 당신은 계속 일관된 마음을 가져야 하며, 믿어야만 합니다. 요한복음 6장에서는 "우리는 그대가 하느님의 성스러운 자임을 믿고 알게 되었다."라고 말합니다. 처음에는 가능성에 대한 믿음이 있어야 하고, 그 후에 가져야 하는 것은 믿음이 나타내는 것보다 더 단단한 것인 경험입니다. "우리가 믿고 알게 되었다." 처음에는 믿어서 그 믿음으로 나아가봐야만 합니다. 이것이 믿음이고, 그 후에 개인적으로 경험을 얻게 됩니다.

여러분은 제 강의에 참석했던 정신분석 전문의 친구처럼 되지 않길 바랍니다. 그는 일용할 양식들을 요정 이야기 정도로 취급해버린 채, 항상 의자를 꽉 잡고 발은 땅바닥에 대고는 현실과 사물의 단단함만을 느꼈습니다. 만일 제가 여러분의 일상의 삶을 환상의 나라로 바꿔버렸다면 어쨌든 좋습니다. 이 전체 세상은 어쨌든 사라질 것이고, 유일한 실체인 당신만은 사라질 수 없습니다.

여러분은 경험하기 위해 이 땅에 왔습니다. 이곳은 여러분을 가르치고 있는 어둠의 학교입니다. 여러분은 자신이란 존재를 알아내기 위해 이곳에 있습니다. 언젠가는 자신이 누구인지 알게 될 날이 올 것입니다. 그것은 모든 사람들이 바라는 것, 즉 상상력의 깨어남입니다.

그것은 당신에게 오고 있으며, 당신은 아이가 태어나는 비전을 통해 당신이 깨어날 거라는 징후를 얻게 됩니다. 아이가 태어날 때 당신은 자유롭게 되기 때문에 세상이 주는 거대한 짐은 깨져버립니다.

성경은 지금 현재의 이야기이며, 이것은 영원하고 영원한 것입니다. 누군가는 홍수를 미신으로 여깁니다. 하지만 홍수의 참뜻이 무엇인지 여러분은 압니다. 삶의 현실적인 부분을 말합니다. 이것은 넘치고 넘쳐 우리 인간을 집어 삼키려 합니다. 하지만 인간은 방주이고 모든 것이 인간의 상상력 안에 들어있습니다. 모든 것 말입니다!

현실이란 홍수가 이곳에서 사라지게 하십시오. 모든 것은 사실 당신 안에 있습니다. 모든 것은 당신의 상상력 안에 있습니다. 성경의 이야기는 모두 지금 이곳에 대한 이야기입니다. 당신이 원하기만 한다면 이 이야기들을 다시금 살아 있게 만들 수 있습니다.

"믿음은 바라는 것들의 본질이요,
보이지 않는 것들의 증거다."

"믿음이란 보이지 않는 그를 보며
인내하는 것이다."

"믿음은 보이지 않는 것의 본질이다."

"우리에게 이 좋은 소식이 전해진 것처럼
그들에게도 전해졌으나,
그것이 믿음과 섞이지 않았기에
그들에게는 이익이 되지 않았다."

[리액트] 중에서

Three Propositions
세 가지 명제

지난 밤 여러분은 어땠습니까?

분노를 지닌 채 잠에 들었습니까?

풀지 못한 문제와 짜증을 지닌 채 잠에 들었습니까?

아니면 그날의 모든 짜증과 문제들을 다 풀고서

침대로 들어갔나요?

그날 삶의 무대에서 펼친 연극 대본을 다시 쓰셨나요?

만일 그렇게 하지 않았다면

당신은 듣는 자일뿐 실천하는 자가 아닙니다.

　제가 주장하는 세 가지 명제는 이렇습니다. 첫 번째는 개개인의 의식상태가 삶의 조건과 환경들을 결정한다는 것, 두 번째 명제는 인간은 자신이 되고자 하는 의식상태를 고를 수 있다는 것, 세 번째 명제는 우리 인간은 자신이 원하는 모습이 될 수 있다는 것입니다.

만일 첫 번째 명제가 진실이라면 개개인의 의식상태는 그가 겪고 있는 삶의 유일한 원인이라는 이야기가 됩니다. 그러면 너무나 자연스럽고 당연하게 하나의 질문이 생깁니다. "왜 자신의 의식상태를 보다 좋은 상태로 변화시키지 않을까?" 그런데 이건 말처럼 쉬운 일이 아닙니다.

전 여러분에게 이 일을 쉽게 할 수 있는 기법을 전해주고자 합니다. 하지만 인간은 자신이 너무나도 익숙해져 있는 상태를 떠나기란 쉽지 않습니다. 우리 모두는 습관에 갇혀 있습니다.

이상하게 보일지 모르지만 몹시 지저분한 내용의 카툰이 지난 전쟁 때 '뉴요커' 잡지에 실렸습니다. 여러분도 봤을지 모릅니다. 조지 프라이스가 그린 만화였습니다. 작은 원룸에 설거지가 안 된 접시들이 수북이 쌓여 있는 싱크대, 석고 회반죽이 흘러내리고 있는 벽들, 이곳에 두 중년 남녀가 있었는데 여자는 헝클어지고 덥수룩한 머리를 한 채 의자에 앉아 있었고, 누더기 옷을 입은 남자는 구멍이 난 양말을 신은 채 식탁 위에 발을 올려놓고 있었습니다. 여자는 해외에 파병 나가 있는 아들에게서 온 편지를 읽고 있었습니다. 이 장면의 대사는 이랬습니다. "아들이 향수병에 걸렸다고 하네요." 여러분들은 이 집의 모습을 봤어야 합니다. 완전히 엉망인 집, 그런데도 향수병에 걸려 있는 아들! 인간은 습관에서 벗어나기 힘들다는 것을 보여줍니다.

그저 시간이 지나는 것만으로, 어떤 변화가 찾아오길 기다리는 것은 가장 어리석은 일입니다. 어떤 결과가 일어나기 위해서 하나의 의식 상태가 필요하다면, 만약 그 의식 상태가 없다면 결과가 일어날 수 없다는 뜻이 됩니다. 만일 무언가를 현실에서 찾아내기 전에 내가 그것을 먼저 의식에서 인식해야만 한다면 내가 해야 할 일이란 오직 그 의식의 상태를 획득하는 것뿐입니다.

의식상태란 한 사람이 사실로 믿고 받아들이고 동의한 것의 총체입니다. 이렇게 사실로 받아들인 것이 사실일 필요는 없습니다. 틀린 것일 수도 있고, 절반만 진실일 수도 있고, 거짓일 수도, 아니면 미신이거나 선입견일 수도 있습니다. 그저 그 사람이 믿고 있는 것들 모두가 그의 의식 상태를 구성합니다. 이것은 그가 머물고 있는 집입니다. 그가 이 집에 머물러 있는 한, 비슷한 문제들은 계속해서 주어질 것이고, 그가 사는 환경들은 계속해서 그대로일 겁니다. 세상 어디론가 도망칠 수 있지만, 이런 물리적 이동이 그가 머물고 있는 의식의 집에서 나가게 해주지는 못합니다. 그래서 결국 계속 비슷한 문제를 겪게 됩니다.

성경은 이 집들을 주의 저택이나 도시, 혹은 방이나 윗방으로 묘사했습니다. 이런 종류의 단어들은 개개인이 머물고 있는 의식의 상태를 묘사하는 데에 쓰였습니다. 성경에서 말하고자 하는 것은 그곳으로부터 나와서 윗층으로 가라는 겁니다. 다시 말해 우리 자신 안에 있는 더 높은 곳으로 옮겨가라는 뜻입니다.

만일 당신이 현재 머물고 있는 상태를 모른다면 그것을 알 수 있게 하는 매우 간단한 방법이 여기 있습니다. 자신 내면에 귀를 기울여 어떤 마음의 대화가 이루어지고 있는지를 관찰해보십시오. 왜냐하면 하나의 상태는 그것 고유의 노래를 부르고 있는 중이고, 그 상태는 인간 내면의 대화를 통해 그 고유의 상태를 드러내고 있기 때문입니다. 만일 당신이 내면에서 말하고 있는 것에 주의 깊게, 그리고 비판 없이 귀 기울인다면 당신이 머물고 있는 상태를 알게 될 것입니다. 그러면 당신은 마음에서 들리는 대로 세상도 그 모습 그대로라는 사실에 놀랄 수밖에 없습니다. 당신은 삶에서 일어나는 일들의 원인을 내면에서 발견할 수 있을 것입니다.

당신이 내면에서 어떻게 말하고 어떻게 행동하는지가 외부에서 무엇을 알고 무엇을 행동하는지 보다 훨씬 중요합니다. 당신이 내면에서 무엇을 하고 있는지를 알 때 당신은 그것을 바꿀 수 있습니다. 만일 삶에 대한 당신의 반응을 있는 그대로 관찰해본 적이 없다면, 그래서 당신 내면의 행동을 전혀 모른다면 당신은 당신 세상의 원인이 무엇인지를 인식하지 못합니다. 하지만 만일 당신이 당신의 상태를 알게 되었다면 당신은 그저 그것을 바꾸기만 하면 됩니다.

인류는 만물이 생겨나는 무한하고 영원한 에너지 앞에 영원토록 서 있습니다. 하지만 이것은 명확한 패턴을 따릅니다. 이 에너지는 인간으로부터 나와서 어떤 규칙도 없이 형성되지는 않습니다. 이것이 따르는 명확한 트랙이 있습니다. 내면에서 이루어지는 대화를 따라 트랙이 놓여집니다.

인간은 자신의 세상을 바꾸기 위해 생각을 바꾸라는 의무가 주어졌습니다. 그래서 "마음을 새롭게 하여 그대를 바꿔라."라고 성경에서 말합니다. 인간의 생각은 관념으로부터 나오기 때문에 자신의 관념을 바꾸지 않는다면 생각을 바꿀 수 없습니다. 만일 내가 바뀌어 새롭게 되고자 한다면 나는 새로운 트랙을 놓아야 하는데, 이 트랙은 항상 내 내면의 대화를 따라 놓입니다.

나는 의자에 앉아 있을 수도 있고 여기에 서 있을 수도 있고 거리를 걷고 있을 수도 있습니다. 그런데 내면의 대화만큼은 멈출 수 없습니다. 우리는 우리 내면에서 말하고 있는 목소리에 귀를 기울일 수 있을 만큼, 충분히 긴 시간 동안 고요하게 있지 않았기에 내면에서는 항상 어떤 대화가 이루어지고 있지만 그것을 인식하지 못했습니다. 하지만 우리 내면에서는 언제나 우리 세상의 조건과 환경으로 일어나고 있는 일들을 계속해서 속삭이고 있는 중입니다.

내면에서 속삭이고 있는 것 대부분은 자신의 행동을 정당화하려는 부정적인 것뿐입니다. 자신이 미룬 것이나 실패한 것에 대해 변명을 하면서 언쟁하거나, 혹은 가혹하게 판단하면서 비난하고 있습니다. 우리 인간에게는 특이하고도 이상한 느낌이 있는데, 그것은 사람들에게 배척당하거나 상처받는 느낌을 은근 좋아한다는 것입니다. 그래서 이런 것들에 대해 말하기를 좋아합니다. 이런 습관적인 상태에서 나오십시오.

이건 마치 지저분한 집에서 어린 병사를 떼어놓는 것만큼 어려운 일일 수 있습니다. 당신은 자꾸 내면에 있는 지저분한 집으로 돌아가고 맙니다. 당신은 당신 마음 안에서 설거지도 안 된 접시들이 쌓여 있는 것이 없다고 말할지도 모릅니다. 하지만 당신이 머물고 있는 내면의 심리 상태를 보게 된다면 조지 프라이스가 '뉴요커' 잡지에서 묘사한 것보다 훨씬 더러운 방을 보게 될 것입니다. 우리의 이런 산만한 마음들은 모두, 우리 안에 쌓여 있는 지저분한 접시들입니다. 우리는 바깥에서는 열심히 청소합니다. 하지만 성경에서는 우리가 내부는 더러운 채로 남겨져 있는 겉만 하얀 무덤이 되었다고 했습니다.

만일 내 세상을 바꾸길 진심으로 원한다면 바꿔야 할 사람은 오직 자신밖에 없습니다. 상대방을 바꿀 필요도 없고, 상대방에 대한 나의 태도를 바꾸기만 하면 됩니다. 만일 당신이 나를 싫어한다면, 혹은 내가 느끼기에 당신이 나를 싫어하는 것 같다면 원인은 당신이나 당신의 행동에 있는 것이 아니라 내 안에 있을 뿐입니다. 만일 정직하게 마음을 관찰해본다면 내가 당신을 생각했을 때 편안한 느낌이 올라오지 않는다는 것을 알게 될 것입니다. 자, 이제 자리에 앉아서 마음의 눈 앞에 상대방을 놓고, 내 세상이 완전히 변화된 것을 나타내는 대화를 상상해보세요. 새로운 마음 대화의 트랙을 놓아서 상대방에 대한 나의 태도를 변화시켜 보십시오.

내면의 대화 위에 놓인 트랙들을 가로질러 가는, 이 생각이라는 에너지는 외부 세상에 변화를 가져올 것입니다. 만일 원하는 내면의 대화를 자주 해서 계속 반복한다면 습관이 됩니다. 그러면 나는 외부 세상에서 일을 하고 있는 동안에도 내부적으로는 이렇게 바뀐 습관을 통해 이 변화되고 보다 생기 있는 대화를 자동적으로 이어가게 됩니다.

의식이 변하기만 한다면 당신을 둘러싼 환경과 조건의 변화는 분명히 일어날 것입니다. 그런데 전 의식의 변형을 말한 것이지, 기분의 변화 같은 일시적인 감정의 변화를 말한 것은 아닙니다. 변형이란, 내가 옮겨간 상태가 습관이 되어서 안정적이 되는 것, 그래서 내 의식에서 그것과 반대되는 것들을 다 몰아내게 되는 것을 뜻합니다. 그러면 이렇게 중심적인 습관 상태는 내 성향을 결정짓게 되고, 나의 새로운 세상을 구성합니다.

하지만 잠시 동안 했다가 다시 이전의 상태로 돌아간다면, 아무리 그 당시 고양된 느낌을 받았다고 하더라도 외부 세상에서 근원적인 변화는 찾아올 수 없을 것입니다. 오직 내면에서 진정으로 변화했을 때만 이런 변화를 보게 될 것입니다. 내면에서 변화가 일어났다면 별다른 노력 없이도 이 변화에 맞춰서 변하고 있는 외부 세상을 보게 될 것입니다.

인간의 내면 대화라고 불리는 이 경이로운 능력은 아무리 강조해도 지나치지 않습니다. 어떤 사람의 도움이 없어도 당신은 집에 앉아서 원하는 것이 이루어진 것을 나타내는 문장을 만들 수 있습니다. 당신은 친구가 자신의 목표를 이루는 걸 나타내는 문장을 만들 수 있습니다. 만일 그녀가 원하는 것을 갖게 되었다면 당신에게 뭐라고 말할까요? 집중해서 들어보세요. 만약 당신이 충분히 고요한 상태에 있다면 속으로 말한 것을 마치 외부에서 들리는 것처럼 듣게 될 것입니다. 인간은 모든 일들이 일어나고 있는 경이로운 사원입니다. 외부 세상은 그저 내면에서 이루어진 작업이 투영된 것에 불과합니다.

창세기 2장에서는 아담이 깊은 잠에 빠졌다고 말합니다. 아담이 일어났다는 기록은 없고, 예수 그리스도라 불리는 두번째 인간이 일어난 기록만 있습니다. 우리 인류는 아담으로 잠에 들었다가 그리스도로 일어납니다.

자신 안에서 일어나는 마음의 활동을 전혀 모르고 있는 사람은 아담으로서 잠들어 있는 것입니다. 어쩌면 눈을 부릅뜨고 다니면서 세상에서 중요한 사람이거나 부자이거나 혹은 유명인일지도 모르고, 사람들이 동경하는 것을 모두 가진 사람일지도 모릅니다. 그렇지만 그런 사람이라도 삶에서 일어나는 현상의 원인인 마음의 활동을 모른다면 깊은 잠에 빠진 아담입니다. 아담과 같은 사람은 성경을 읽으면서도 그 이야기를 있는 그대로 받아들여서, 아담이 잠에 들었고 갈비뼈를 취해 이브라고 불리는 여인을 만들었다고 생각합니다.

하지만 우리가 깨어나기 시작하면 우리는 이 상징적인 이브가 단지 세상이란 이름으로 불리는 자신의 발현체일 뿐이란 것을 깨닫습니다. 자연의 세상은 우리의 노예이고 우리가 내면에서 창조한 것에 따라 주변의 삶이 반드시 만들어집니다.

만일 우리가 잠들어 있다면 우리는 혼돈스러운 삶을 창조할 것입니다. 아버지가 세상을 창조할 때 썼던 바로 그 기법을 우리도 쓰고 있기 때문에 어쨌든 창조는 이루어집니다. 우리 인간은 마음을 사용하여 대화하는 기법을 사용합니다. 하지만 우리는 잠의 상태 속에서 이상한 상황들을 초래하면서도, 자신이 이 상황들의 원인이란 것을 알지 못합니다. 그러다가 이제 깨어나기 시작할 때 우리는 예수 그리스도가 되어 깨어납니다. 복음서에서 예수 그리스도로 의인화된 존재는 사랑으로 가득 채워진 깨어난 상상력입니다.

사랑으로 충만한 상상력은 오직 사랑스러운 것만을 들을 수 있습니다. 이 존재가 당신 안에서 깨어나기 시작하면 당신은 세상 어떤 것도 완전히 객관적인 것으로 보지 않고, 모든 것이 주관적으로 자신과 연관되어 있다고 여기게 됩니다. 이제 더 이상은 낯선 사람이란 없습니다. 당신은 처음 만나는 사람조차도, 완전히 낯선 자가 아니란 것을 압니다. 왜냐하면 당신이 그를 끌어당기지 않았다면 그가 스스로 당신의 세상 안으로 들어올 힘이 없기 때문입니다.

"내가 그를 부르지 않는다면 그 누구도 나에게 오지 않는다." "그 누구도 내 생명을 뺏지 않는다. 나 스스로 내려놓을 뿐이다." "당신이 나를 선택한 것이 아니다. 내가 당신을 선택했었다." 이 상태에 오면 당신은 상처를 받지 않게 됩니다. 당신은 이전에 세상을 향해 드러냈던 모든 분노를 극복하게 됩니다. 당신은 잠자고 있는 자들을 더 이상 비난하지 않습니다. 당신은 그들을 자신이 누구인지 모르기에 그저 혼돈의 꿈을 꾸고 있을 뿐임을 이해하게 됩니다.

이 기법을 가지고 의식적으로 사용해보십시오. 저는 보이는 것들에 굴복하는 수동적 마음에게 호소하고 있는 것이 아닙니다. 저는 당신의 경이로운 상상력을 능동적으로 사용하고 있는 당신 안의 그리스도에게 호소하고 있는 중입니다. 당신이 자리에 앉아서 듣고 싶은 말을 미리 결정해서, 그것을 들을 때까지 귀를 기울여 듣고, 이것 외의 다른 것들은 거부할 때 당신은 인간을 깨우는 근원의 힘을 사용하는 것입니다. 당신은 당신의 경이로운 상상력을 쓰고 있는 것이며, 이것이 바로 하느님 그분입니다.

한 여성분이 지난주에 편지를 보내주셨습니다. 그녀의 남편에게서 전화가 왔었는데 그가 매우 속상한 상태였다고 합니다. 남편의 회사는 600피트의 필름을 24시간 이내에 시카고로 전달해주는 계약을 맺었는데, 아크미사(Acme)에서 현상했던 필름이 회사에 왔을 때 300피트만이 정상이고, 나머지 절반은 완전히 공백상태로 나왔기 때문이었습니다.

그녀는 전화를 끊고는, 자신의 내면에서 전화벨 소리를 들을 때까지 고요하게 앉았습니다. 상상의 손을 통해 수화기를 들고, 모든 것이 잘 해결되었다는 남편의 편안한 목소리를 들었습니다. 남편은 필름을 완전히 잃었다고 생각했는데 다시 찾게 되었다고 말했습니다. 자신이 듣고 싶은 것만을 들을 수 있도록 그녀의 몸 전체가 고요해질 때까지 계속해서 귀 기울여 들었습니다. 1시간 10분이 지나도록 그녀는 계속 고요한 상태에 있었고, 그때 전화벨이 울렸습니다. 남편은 아크미사가 잃어버렸던 300피트 필름을 찾아 전체를 온전하게 복원했다고 말해줬습니다.

그녀는 자신이 원하는 것을 정확하게 들을 때까지 계속 귀 기울이는 것을 통해 자신을 해방시켰습니다. 1시간 10분이 지난후에 이 말을 현실에서 듣게 되었습니다. 대다수의 사람들은 상상활동에 기반해서 행동하지 못했을 것입니다. 그들은 습관처럼 마음을 졸여가면서 생활했을 것입니다. 어떤 이들은 씩씩대면서 조마조마했을지도 모릅니다. 그리고 의심할 여지없이 부정적인 소식을 집에 갖고 왔었다면 해가 질 때까지 분노를 지닌 채 있었을 것입니다.

지난 밤 여러분은 어땠습니까? 분노를 지닌 채 잠에 들었습니까? 풀지 못한 문제와 짜증을 지닌 채 잠에 들었습니까? 아니면 그날의 모든 짜증과 문제들을 다 풀고서 침대로 들어갔나요? 그날 삶의 무대에서 펼친 연극 대본을 다시 쓰셨나요? 만일 그렇게 하지 않았다면 당신은 듣는 자일뿐 실천하는 자가 아닙니다.

성경에서는 이렇게 말합니다. "단지 듣기만 하는 자가 되지 말고 말씀을 행하는 자가 되어라. 그대가 듣는 자일 뿐 실천하는 자가 아니라면 그대는 거울을 통해 자신의 얼굴을 보고는 돌아서자마자 자신의 생김새를 잊어버리는 자와 같다. 만일 그대가 바로 잊어버리는 듣는 자가 아니라 실천하는 자라면, 그 행실로 인하여 축복받을 것이다. 왜냐하면 그대는 자유의 법칙을 자세히 살펴서 자신을 해방시킬 것이기 때문이다. 자신을 해방시킬 때 그대는 그 행실로 인하여 축복받을 것이다." 야고보서 1장에서 이 이야기를 보실 수 있습니다.

이 세 가지 명제를 믿으세요. 믿으셨다면 이젠 해보십시오! 나가서 제가 내면의 대화에 관하여 했던 말을 실천해보십시오. 이건 정말 가장 위대한 기법입니다. 귀를 기울이세요. 당신이 듣기 원하는 것만을 들으세요. 상상의 손으로 친구의 상상의 손과 맞잡은 후에 그가 얻어낸 행운을 축하해주세요. 만일 당신을 축하해주고 싶다면 사람들이 당신을 축하하게 하십시오. 고개를 숙이지 마세요. 고개를 세우고 축하를 받으세요.

이것이 정말 하늘나라의 왕국에 들어가는 일입니다. 왜냐하면 사랑스러운 내부교감을 통해 왕국을 자각할 수 있기 때문입니다. 당신이 전차를 타고 가거나, 버스를 타고 가거나, 그 어떤 시간에도 왕국에 들어갈 수 있습니다. 그리고 당신은 친구와 대화를 하며 수다를 떨면서도 그저 상상 속에서 당신이 그에 관해 들었던 좋은 소식으로 그를 축하해주고 있다면 친구를 축복하면서 당신은 왕국으로 들어가는 것입니다. 그런 후 상대방이 친절하게 대답하는 것을 들어보세요. 이 순간 당신은 그를 축복한 것입니다. 당신이 그의 마음 구조 안에서 하나의 변화를 만들어냈기 때문에 그가 천 마일 밖에 있더라도 그 순간부터 그의 세상 안의 만물은 흔들리기 시작할 것입니다. 마음 세계에서 하나의 변화가 일어나면 반드시 바깥 세상의 변화를 초래하게 됩니다.

당신 바깥에는 어떤 힘도 없습니다

-네빌고다드

The True Life Of Man
인간의 참 생명

당신은 무한한 빛이 될 정도로, 매우 고요해질 수 있습니다.
성서에서는 하느님이 세상의 빛으로 묘사되지만
이런 경험을 실제 하더라도
당신이 하느님이란 것은 알지 못합니다.
당신은 세상의 모든 권능을 가질 수 있지만,
여전히 당신이 하느님이란 것을 알지 못합니다. 하지만
당신이 지금 보이는 모습과는 다르다는 것을 확신시켜줄
어떤 일이 당신에게 일어날 것입니다.

모든 사람들의 진정한 생명은 그들 안에 있는 하느님입니다.
하느님은 인간의 경험을 통해 계속해서 점점 더 현실로 되어가
고 있습니다. 당신은 사색을 통해 하느님을 인간을 초월해 있는
힘으로, 영혼을 넘어선 존재로, 그리고 수세기 동안 우리가 해왔
던 것처럼 어떤 다른 존재라고 말할 수 있습니다. 하지만 당신은

결국 하느님이 우리 인간이란 것을 발견하게 될 것이고, 하느님이 당신 바깥에 존재하지 않는다는 것을 알게 될 것입니다. 왜냐하면 당신이 하느님이란 것을 알게 될 것이기 때문이죠. 이것이 신비입니다.

성서들 모두는 이런 내면의 신비를 토대로 쓰인 것이지, 이것을 덮고 있는 신비주의적인 이야기를 담고 있는 책은 아닙니다. 성경은 과거에 살았던 누군가의 이야기도 전혀 아니고, 지구 상에서 일어나고 발생했던 어떤 사건에 관한 것도 아닙니다. 그런데도 우리 인간은 수세기 동안 인격화 된 것을 한 인간으로, 비유를 역사로, 교훈을 전해주는 수단을 교훈 그 자체로, 그리고 겉으로 드러난 외부적 의미를 성경이 의도하는 가장 궁극적인 의미로 착각해서 받아들였습니다. 이곳에 등장하는 인물들은 의식의 영원한 상태들을 인격화한 것입니다.

성경에서 아브라함을 이야기할 때 한 남자에 대해 말했던 것은 아닙니다. 문명을 시작한 의식의 초석에 관해 말한 것입니다. 바울은 갈라디아서에서 이를 분명히 말했습니다. "나는 아브라함 씨의, 베냐민 족의 유대인이다." 그는 자신의 이 토대를 결코 거부하지 않았고, 단지 아브라함과 사라의 이야기가 하나의 비유라고 말합니다. 그리고 바울은 우리를 위해 이 이야기를 해석해줍니다.

아브라함은 두 명의 아들이 있었는데, 한명은 종에게서 낳은 아이였고 다른 한명은 자유인에게서 낳은 아이였습니다. 종에게서 낳은 아이는 우리를 모두 노예의 상태로 인도할 것입니다. 이 여성은 하갈이었고, 사라의 종이었습니다. 그리고 아브라함은 사라에 대해 말하면서 그녀를 천상의 예루살렘이라 부릅니다. 그녀는 우리를 자유와 해방으로 이끄는 우리의 어머니입니다.

아브라함은 모든 것의 토대이자, 모든 국가들의 아버지입니다. 그리고 이 이야기는 비유입니다. 만일 이야기의 시작이 비유라면 그 끝도 분명 비유일 것입니다. 물론 비유이지만 가장 진리적인 이야기입니다. 성경은 세속의 역사가 아니라, 시간을 초월한 영원한 진리입니다. 성경은 내부의 신비를 토대로 쓰여진 이야기이지, 이것을 두르고 있는 신비주의에 대한 내용은 아닙니다.

바울은 말했습니다. "그분은 그분 뜻의 신비를 우리에게 알려 주셨으니, 그것은 시간이 무르익어 만물이 그분과 하나가 되게 하기 위한 계획으로 그리스도 안에 펼쳐 놓은 그분의 목적에 따른 것이다. 하늘에 있는 것들, 땅 위에 있는 것들. 결국에는 오직 하느님만이 존재한다."

창세기에서는 "그리고 하느님이 말씀하셨으니, 인간을 우리의 모습으로 만들자."라고 말합니다. 스트롱 용어색인집(Strong's

Concordance)에서 '만들다(make)'라는 단어를 찾아보십시오. 그러면 이 단어는 '되다(become)'라는 의미로 쓰였다는 것을 알게 될 것입니다. 히브리어에서는 두 단어가 같은 의미입니다. 따라서 이렇게 말할 수 있습니다. "그리고 하느님이 말씀하셨으니, 우리의 모양을 따라 인간이 되자." 이렇게 단어 하나를 바꾸면 성경에 대한 완전히 다른 그림을 갖게 됩니다.

그분은 인간이 되면서 자신이 하느님이라는 것을 잊었습니다. 그분은 자신이 인간인 척할 수는 없었습니다. 영원은 존재하고, 영원 속에 있는 만물은 자비의 행위였던 창조와는 별개입니다. 자비의 행위는 죽어 있는 것을 가지고, 죽음을 잠으로 바꿔버렸습니다. 인간 안에서 꿈을 꾸는 자는 하느님입니다. 당신 안의 꿈꾸는 자는 당신의 경이로운 상상력입니다. 이것이 하느님입니다.

"모든 것은 그분에 의해 만들어졌고, 그분이 없었다면 만들어진 것 중 어떤 것도 만들어지지 않았을 것이다." 누가 이 일을 했나요? 당신의 경이로운 상상력입니다. 하느님은 "우리가~"라고 말했습니다. 복수입니다. "우리가 인간이 되자." 그리고 우리는 우리가 인간이 되었다면 무슨 일이 일어날지 예견했습니다. 학자들은 시편 82장을 가장 해석하기 난해한 부분이라고 입을 모아 말합니다. 성경 백과사전(the Encyclopedia Biblica)의 책임자였던 토마스 체이니(Thomas Chaney)는 시편 150편이 가장 해석하기 난해했다고 말하면서, 82장의 1절과 6절이 자신을 당황하게 했기에 자신의 추측들이 본래의 의미에서 많이 벗어나지만 않길 바랄 뿐이라고 했습니다.

그 1절은 이렇습니다. "하느님이 신성의 회의를 열었으니, 그분이 하느님들 사이에서 재판을 열더라." 하느님(God)과 하느님들(gods)은 엘로힘(Elohim)과 같은 단어입니다. 처음 부분은 단수로 시작했습니다. "하느님이 신성의 회의를 개최하더라." 하지만 복수로 "그분이 하느님들 가운데서 재판을 열더라."로 이내 바뀝니다.

이제 6절을 보겠습니다. 그곳에서 하느님은 하느님들에게 판결을 내립니다. 하느님은 말했습니다. "나는 그대들이 하느님들이라고, 그대들 모두, 가장 고귀한 자의 아들들이라고 말함에도 불구하고 그대들은 인간처럼 죽을 것이고 한 인간으로서 쓰러질 것이다. 오 왕자들이여." 여기서의 하느님들과 같은 말은 엘로힘입니다.

우리는 하느님들인데, 인간이라 불리는 셀 수 없이 많은 존재로 나뉘어져 한 인간으로 내려오게 되었습니다. 우리는 우리가 하느님이라는 사실을 완벽하게 잊었습니다. 그 목적은 우리가 하느님 아버지로 일어서기 위함입니다.

모든 인간의 진정한 생명은 인간 안의 하느님입니다. 하느님은 인간의 경험으로 인해 점점 더 현실이 되어가고 있습니다. 저는 계속해서 여러분에게 여러분이 하느님이라고 말할 수 있습니다. 여러분이 저를 믿을지 모르지만 그 일이 여러분 안에서 일어날 때까지는 자신이 하느님이라는 사실을 받아들이지 못합니다. 하지만 당신이 하느님 아버지라는 것을 알게 되는 경험을 갖게 될 날이 다가오고 있습니다. 그 일이 일어날 때 여러분은 마치 기억상실에서 돌아온 것처럼 기억이 돌아올 것입니다.

당신이 치렀던 가장 큰 희생은 기억의 소실입니다. 완전한 기억상실을 겪으면서 자신이 누구인지를 잊었습니다. 전 시편 46장을 인용하여 이렇게 말하겠습니다. "고요하라. 그리고 알라. 그대가 신임을." 당신은 매우, 매우 고요해질 수 있고, 그러면 당신 내면에서 굉장한 일을 경험하게 될 것입니다. 뇌의 어두운 주름들 모두가 빛이 나며 당신의 머리에서부터 금색 구름이 뿜어져 나오는 듯 느껴질 것입니다. 하지만 이런 경험도 당신에게 당신이 하느님이란 것을 확신시켜주지는 못합니다.

당신은 무한한 빛이 될 정도로, 매우 고요해질 수 있습니다. 성서에서는 하느님이 세상의 빛으로 묘사되지만 이런 경험을 실제 하더라도 당신이 하느님이란 것은 알지 못합니다. 다시 말해 당신은 세상의 빛이 될 수 있지만 여전히 하느님이란 확신은 갖지 못합니다. 당신은 세상의 모든 권능을 가질 수 있지만, 여전히 당신이 하느님이란 것을 알지 못합니다.

하지만 당신이 지금 보이는 모습과는 다르다는 것을 확신시켜줄 어떤 일이 당신에게 일어날 것입니다. 당신은 인간이라 불리는 의복을 걸치고 있는 중이고, 우리가 알고 있는 인간은 그저 죽어 있는 껍데기입니다. 당신은 인간이라는 죽어 있는 껍데기를 당신에게 두르고, 죽음을 잠으로 바꿔 놓았습니다. 육신은 스스로를 분리되어 있다 믿었고, 그것을 둘러싼 모든 것과는 완전히 독립되어 있다 믿으면서 살아 움직이는 영혼이 되었습니다. 육신은 지금 그것 안에 들어가 있는 것이 누구인지, 그것의 숨결은 누구의 것인지 전혀 알지 못합니다. 자신이 누구인지 완전히 잊었기 때문입니다.

어느 날 당신은 색다른 경험을 할 것이며, 그때 당신은 인간이 우리가 생각하던 것과는 다르다는 것을 알게 될 것입니다. 당신은 당신 내면에서 움직임을 멎게 하면 주변의 사물들도 같이 멈추게 되는 경험을 갖게 될 것입니다. 공간은 경험을 위한 도구인 것처럼, 시간은 경험의 변화가 일어나는 도구입니다. 시간은 변화를 위한 도구이기 때문에 모든 변화는 항상 시간을 필요로 합니다.

즉각적인 것처럼 보이는 것도 실은 그렇지 않습니다. 변화가 있다면 아무리 작은 시간이라도 필요합니다. 하지만 당신은 시간을 멈출 수 있습니다. 실제로 시간을 멈추게 해보세요. 그러면 당신은 세상 어떤 것도 당신의 관념과 분리되어 독립적으로 있지 않다는 것을 알게 될 것입니다.

모든 것이 멈출 수 있습니다. 만일 당신이 적도에서 생고기를 한낮에 올려놓고 시간을 멈춘다면 천년이 지나도 백만 년이 지나도 신선한 채로 있을 것입니다. 조금도 부패할 수 없기 때문에 어떤 변화도 있을 수 없습니다.

여러분도 이 경험을 하게 될 것입니다. 전 여러 차례 경험해봤습니다. 저는 평범한 상황 속에서 제 주변의 사람들을 인식했을 때 활동을 멈추어 봤습니다. 제 머리 안에서 느껴보고 모든 것을 멈춥니다. 하나도 움직이지 못합니다. 날아가던 새도 날지 않습니다. 날아가던 새를 멈춘다면 중력의 법칙 때문에 떨어질 것입니다. 나뭇잎처럼 가벼운 것이야 그걸 지탱해주는 바람이 있을 수도 있지만 날아가던 새가 멈췄을 때 그게 아무 움직임도 없이 떨어지지 않고 완벽하게 멈춘다는 것은 상식선에서는 불가능합니다. 그런데 날아가던 새가 움직이지 않고 공중에 멈춰 있습니다. 떨어지던 나뭇잎도 그대로 공중에 멈춰 있습니다. 나를 둘러싼 모든 것이 움직이지 않고 있습니다. 식사를 하던 사람들도 더 이상 식사를 하지 않습니다. 모든 것이 멈춥니다.

이제 내 안에서(그들 안이 아니라) 멈췄던 것을 풀어놨을 때 그 멈췄던 것들은 자신들이 하려던 것을 계속 합니다. 물론 그것들이 멈췄을 때 의도를 바꿔 놓을 수도 있었습니다. 그러면 멈춘 것이 다시 풀어졌을 때 그것들은 스스로 마음을 바꿨다고 생각하며 어떤 행동을 했을 것입니다. 그것들은 그 변화를 만든 것이 자신들이 아니라는 것을 전혀 눈치채지 못하고 그저 마음이 바뀌었다 생각하게 됩니다.

이런 권능이 된다고 상상해보십시오. 이건 성서에서 "그대가 위로부터의 권능을 입을 때까지 예루살렘에 머물러라."고 말하던 그 권능입니다. 바울이 그리스도를 '하느님의 권능과 하느님의 지혜'로 말했던 것이 바로 이것입니다.

원자에 들어 있는 힘이 아닙니다. 도시를 날려버릴 수 있는 거대한 폭탄 안에 들어 있는 힘도 아닙니다. 이런 것들은 이 힘과 비교한다면 그저 불꽃놀이에 불과합니다. 이 권능과 비교할 수 있는 것은 세상 어디에도 없습니다. 당신은 도시에 있는 사람들을 멈추게 해서 그들의 의도를 바꿔 놓아 바다에 들어가게도 할 수 있습니다. 그러면 그들은 물속에 일렬로 들어가 익사해버리는 레밍처럼 될 것입니다. 이렇게 벽돌 하나 부수지 않고도 도시 하나를 점령할 수 있습니다. 이 힘은 그 정도로 강력합니다. 하지만 사랑 그 자체인 하느님으로 깨어나지 않는 한 그 누구도 이것을 갖지 못합니다. 자신이 하느님이고, 하느님이 사랑이란 것을 알지 못하는 자에게 이 힘이 있다면 어떨지 상상해보십시오.

히틀러나 스탈린의 손아귀에 이 힘이 있다면 그 참담한 결과가 보이지 않나요? 괴물들의 손에 이 힘이 주어진다면 세상에는 어떤 끔찍한 결과가 있을지 상상되지 않습니까? 스탈린도 언젠가는 하느님이 될 것입니다. 물론 히틀러도요. 그들 안에도 하느님이 있기 때문입니다. 하느님은 분리된 것이 아니기 때문에 그들 안에 있는 하느님도 같은 하느님입니다.

"하느님의 뜻은 하느님이 자신이 하고자 한 바를 실행해서 이루기 전까지는 철회되지 않으리라. 훗날 그대는 이것을 완전하게 이해하리라."라고 성경은 말합니다. 당신이 이것을 이해했다면 우리가 크리스마스라고 외부에서 기념하는 상태에 당신이 도달했다는 증거입니다.

사실상 바울은 우리에게 어떤 날도 지키지 말라고 말했습니다. 그는 이렇게 말했습니다. "그대가 날들과 달들과 절기들과 해들을 지키는 것을 보니, 내 그대들에게 수고한 것이 헛될까 두렵더라." 어떤 날도 지킬 필요가 없습니다. 왜냐하면 그 일은 어느 날 어느 때라도 일어날 수 있기 때문입니다. 그 일이 일어날 때 당신은 깨어납니다. 어디에서 깨어납니까? 근동지방의 여물

통인가요? 아닙니다. 그건 "우리가 인간이 되자!"라고 결정했을 때 우리가 묻힌 곳, 바로 두개골 안입니다.

우리는 인간을 우리처럼 만들기 위해 인간이 되었습니다. 그럼 우리는 누구입니까? 우리는 하느님의 아들들이며 우리가 그 위치까지 올라갔을 때 우리는 하느님 아버지가 됩니다. 이 모든 것은 결국 하느님 아버지가 될 것입니다. 우리 모두는 하느님 아버지가 되는 경험을 갖게 될 것입니다.

하지만 제가 방금 말했던 힘마저도 당신이 하느님 아버지라는 것을 확신시켜주지 못합니다. 무한한 빛마저도(성경에서는 하느님을 빛으로 정의내리고 있지만) 당신에게 그 확신을 주지 못합니다. 당신에게 하느님 아버지라는 확신을 줄 수 있는 건, 오직 그분의 아들밖에 없습니다. 그분의 아들은 교회가 가르치는 것처럼 예수가 아닙니다. 예수는 주입니다. 예수는 아버지입니다. 다윗이 아들입니다. 아들이 당신을 하느님 아버지로 밝혀줄 것입니다.

어느 날 당신은 그를 보게 될 것이고 당신은 그가 누구인지 알게 될 것입니다. 그는 당신의 아들이자 하느님의 아들이고, 하느님에게는 한 명의 아들만이 있기 때문에 당신은 그가 누구인지 알게 되었을 때, 그 즉시 자신이 누구인지도 알게 됩니다. 우리가 하느님을 이루고 있는 하느님의 아들들입니다. 하느님들은 인간이 되어서 인간이 할 수 있는 모든 역할들, 고위관료, 판사, 의사, 어리석은 자, 세상의 모든 역할들을 연기합니다. 마지막 순간에 하느님은 깨어나서 자신이라는 무덤 안에서 부활합니다.

하느님 그분은 죽음의 문으로 들어가는 자들과 함께 그곳으로 들어갔습니다. 그리고 그분은 그들이 깨어나 어머니가 짜준 세마포 옷을 볼 때까지 불멸의 시야 속에서 그들과 함께 무덤에 몸을 눕힙니다. 무슨 세마포 옷입니까? 내 어머니가 나를 위해 짜준 육신의 옷을 말합니다. 난 두개골에서 나올 때 그것을 보게 될 것입니다. 난 성경의 상징 속에서 나 자신을 내가 위로부터 태어났다는 사실을 증거하는 아이의 모습으로 보게 될 것입니다.

그 후에 내 아들의 폭로가 이어집니다. 오직 아들만이 내가 하느님이란 것을 확신시켜 줄 수 있습니다. 세상 무엇도 내가 하느님이란 사실을 확신시킬 수 없습니다. 하느님의 아들인 나의 아들을 제외하고는 이 사실을 확신시켜줄 수 있는 것이 없습니다. 요한복음 8장에서는 이렇게 말합니다. "내가 그라는 사실을 그대가 믿지 않는다면 그대는 그대의 죄 안에서 죽으리라." 그런 후 이렇게 말했습니다. "오직 아들만이 그대를 자유롭게 할 수 있고, 만일 아들이 그대를 자유롭게 한다면 그대는 진정 자유롭게 되리라."

이건 새로운 가르침이 아닙니다. 그리스도교는 인류가 시작되었을 때부터 같이 시작됐고, 유대교 안에 감춰져 있었습니다. 그리스도교는 유대교의 꽃입니다. 우리 모두는 유대교도입니다. 그리고 유대교가 성취된 것이 그리스도교이기 때문에 유대교를 버리지만 않는다면 우리 모두는 결국 그리스도교인이 됩니다. 우리는 유대교인이면서 그리스도교인이 아닐 수는 있습니다. 하지만 그리스도교인이면서 유대교인이 아닐 수는 없습니다. 다시 말하자면 내가 사과열매를 맺었다면 난 당연히 사과나무입니다. 하지만 사과나무면서 사과를 맺지 못할 수는 있습니다.

나는 그리스도교인이면서 유대교인이 아닐 수는 없습니다. 하지만 유대교인이면서 그리스도교인이 아닐 수는 있습니다. 왜냐하면 내가 본래의 의미에서 그리스도교인이라면 나는 유대교의 마지막에 도달한 것이며 그가 나를 아버지라고 부른 것이기 때문입니다.

누군가가 어떤 교회를 다녔다는 이유로, 아니면 머리에 물을 뿌리고 주의 이름으로 세례 받은 자라고 불렸다는 이유로 그가 그리스도교인이라 할 수는 없습니다. 사랑의 하느님이 당신을 감쌌을 때가 바로 세례의 순간입니다. 당신의 몸이 융화되어 하나의 몸, 하나의 영, 하나의 주, 하나의 하느님, 만물의 아버지가 됩니다. 바로 이때가 세례의 순간입니다.

무한한 사랑 앞에 당신은 서게 됩니다. 그는 당신에게 세상에서 가장 위대한 것을 말하라고 합니다. 그러면 바울의 입을 빌려 대답합니다. "믿음, 희망, 사랑, 이 세가지입니다. 하지만 이 중에서 가장 위대한 것은 사랑입니다." 이 순간 그분은 당신을 감싸 안고, 당신은 무한한 사랑과 하나가 됩니다. 그리고 그는 당신을 세상으로 다시 보냅니다. 하나로 융합되는 순간, 당신은 영원히 하나가 된 것입니다. 그래서 당신은 당신을 보낸 자와 하나가 됩니다. 하지만 당신이 보내진 자의 영역에 있을 때는, 당신은 보낸 자로서의 당신 자신보다 낮은 위치입니다. 그래서 요한복음 14장에서는 이렇게 말합니다. "나와 나의 아버지는 하나이다. 하지만 나의 아버지는 나보다 더 위대하다."

　보내진 자의 영역에서는 자연스럽게 당신을 보낸 자인 당신의 본질적인 존재보다는 낮습니다. 그분은 하느님 아버지이고 당신이 마지막 순간에 육신이라는 옷을 벗어던질 때 돌아가게 될 존재입니다. 여정이 끝날 때까지 당신에게 주어진 시간 동안 이 육신의 짐을 짊어지게 됩니다.

　그리고는 사원의 장막이 찢기는 시간이 옵니다. 이것은 하느님의 사원인 인간을 말합니다. 그러므로 위에서부터 아래로 찢긴 것은 인간이라는 사원의 장막입니다. "그대는 하느님의 사원이고, 하느님의 영은 그대 안에 거하니 그것은 인간의 손으로 지어진 사원이 아니더라." 이렇게 찢겼을 때 그 안에 갇혀 있는 영은 자유로워져, 하느님 아들이라는 당신의 위치에서 이제는 하느님 아버지라는 더 높은 위치로 올라가게 됩니다.

하느님은 예레미야서에서 우리에게 말해진 하나의 뜻을 지니고 있는데, 여기서 예레미야는 '여호와가 일어날 것이다'라는 뜻이입니다. 그분은 결국 자신이 뜻한 것처럼, 당신 안에서 당신으로서 일어날 것입니다. "하느님의 뜻은 하느님이 자신의 마음이 뜻한 바를 실행하고 이룰 때까지 철회되지 않을 것이다. 훗날에 그대는 이것을 명확하게 이해하게 될 것이다."

훗날 당신은 당신이 묻혀 있는 무덤인, 거대한 자궁을 가를 때가 옵니다. 당신이 그것을 갈랐을 때 당신은 위에서부터 온 존재로서 갈라진 자궁을 나오게 됩니다. 하느님은 영이고, 이렇게 태어난 것은 영이기 때문에 그곳에서 나오게 된 당신은 하느님입니다.

제가 앞서 말했던 그 힘을 당신도 경험하게 될 것입니다. 그 경험은 이루 말할 수 없는 짜릿함을 선사합니다. 당신은 지금 보고 있는 사람들 모두를 당신이 그들에 대해 갖고 있는 관념과는 완전히 별개로 보지만, 사실은 그렇지 않다는 것을 알게 될 것입니다. 당신이 당신 안에서(그들 안이 아닙니다) 활동을 멈추게 했을 때 모든 것은 멈춥니다. 그들을 관찰해보면 마치 진흙으로 만들어진 것처럼 보일 것입니다. 아무도 숨을 쉬지 않습니다. 아무도 움직이지 않습니다. 영원히 그렇게 멈춰져 있을 뿐입니다.

그때 멈춰버린 것을 다시 풀어준다면 그들이 다시 움직입니다. 당신이 이것을 풀어주게 되면 새는 자신이 가려던 가지를 향해 다시 날아갑니다. 웨이트리스도 테이블을 향해 가던 길을 다시 갑니다. 주변의 것들이 다시 살아 움직이는 것을 보게 되고, 그때 당신은 힘이 당신 안에 있지, 외부에 있는 것이 아니란 것을 깨닫습니다.

당신은 시간을 멈출 수 있습니다. 사람들은 멈춰진 시간을 생각조차 하지 못합니다. 하지만 당신이 그 비전을 갖게 되었을 때 당신은 영원함이 존재한다는 것을, 그리고 자비의 활동이었던 창조와는 별개로 영원 속에 만물이 존재한다는 것을 알게 됩니다. 하느님은 죽음을 잠으로 바꿔 놨습니다. 이때 하느님은 이 죽음의 옷에 대한 책임을 모두 지고, 그 안에서 꿈꾸는 자가 되었습니다. 그리고 자신이 진정 누구인지를 잊었습니다. 이제 자신이 하느님이란 사실을 알지 못합니다.

어떤 하나의 의식 상태에서는 자신을 재판관이라 여기면서 또 다른 하느님에게 판결을 내립니다. 이 세상에는 오직 하느님만이 있을 뿐입니다. 살인을 한 자도, 살해당한 자도 모두 하느님입니다. 결국에 오직 하느님만이 남게 될 것입니다. 그러면 이

때 우리는 이스라엘의 위대한 신앙고백인, 위대한 샴마(the great Shammah)를 이해하게 됩니다. "들어라, 오 이스라엘아! 주님인 우리의 하느님은 오직 하나이다." 이 하느님은 여럿으로 이루어진 하나입니다. 다른 많은 사람들로 이루어진 하나이자, 다수로 이루어진 하나입니다.

이것을 원본 문서에서 찾아보면 첫번째 단어인 샴마(shama)의 마지막 문자와 마지막 단어의 마지막 문자(둘 다 대문자)를 합쳐 놓으면 증인(witness, 보는 자)이 됩니다. 당신은 결국에 하느님의 하나된 본성을 보는 자가 되어 결국 다른 사람이란 없고, 오직 하느님만이 존재한다는 것을 알게 될 것입니다. 당신은 이것을 경험으로 알게 됩니다.

당신이라는 진짜 존재, 참된 당신은 당신 안에 있는 하느님입니다. 당신의 경험을 통해 이 하느님이 점점 더 현실이 되어가고 있습니다. 마지막 순간에 비둘기가 노아의 손이라 불리는 당신의 손 위에 내려올 것이고, 당신은 그를 방주로 데려올 것입니다. 이때 당신은 당신 자신이 방주라는 것을, 그리고 비둘기라고 불리는 이 아름다운 모습이 진실이란 것을 알게 됩니다. 당신은 비둘기가 당신에게 곧장 내려오도록 합니다. 그러면 비둘기는 당신 안에서 쉬면서 매우 깊은 사랑으로 당신을 가득 채웁니다. 이때 이 드라마가 끝났다는 것을 당신은 직감합니다. 그분이 비둘기의 형태로 당신에게 내려온 것이기 때문에 성령의 인장이 당신에게 새겨집니다. 내려온 것이 누구입니까? 바로 성령입니다.

성서가 제시하는 청사진은 완벽합니다. 물론 세상 사람들이 믿으라고 말하는 그런 모습은 아닙니다. 그 속에 인물들은 역사 속 인간들로 살아 있었던 것이 아닙니다. 그 인물들은 불멸하는 자아가 거쳐가야만 하는 의식의 상태들일 뿐입니다.

당신은 도둑이라 불리는 상태에 들어가서 도둑이 됩니다. 하지만 당신은 도둑 상태에서 나와 다른 상태로 들어갈 수 있습니다. 이 상태들은 순례자가 길을 떠나면 떠난 후에도 남아 있는 도시처럼 그대로 남아 있습니다. 당신은 어떤 사람이 들어가 있는 상태 때문에 그가 잘못했다고 생각하여 그 사람을 비난합니다. 안됩니다. 그건 그저 그 사람이 의식적으로, 혹은 무의식적으로 하나의 상태에 떨어진 것뿐입니다. 우리 대부분은 잠들어 있고, 하나의 상태에 빠지는 것이 얼마나 쉬운지 모르기 때문에 그곳에 빠지는 것입니다.

당신은 결핍의 상태에 빠져서 남은 여생 동안 그곳에 계속 있을 수도 있습니다. 제가 감히 말씀드리건대 그 누구도 당신을 그곳에서 꺼내려 하지 않을 것입니다. 남은 시간 동안 당신은 그곳에 머물러서 벌레들을 먹고 살 수도 있습니다. 하지만 당신이 진리를 안다면 결핍된 상태에서 빠져나올 수 있는 권리가 있다는 것을 알아 그렇게 할 수 있습니다.

어떻게 그 상태에서 나올 수 있을까요? 내가 원하는 모습의 사람이 되었다면 기분이 어떨지를 생각하는 것을 통해 나올 수 있습니다. 원하는 모습이 된 것이 사실이라면 어떻게 느껴질까요? 소망이 이루어진 느낌을 사실로 받아들여서 상상에 현실과 같은 분위기와 생생함을 줄 수만 있다면 그 일은 이루어집니다. 할 수 있는 감각적인 생생함을 다 동원하세요. 그런 후 이 가정을 계속 고집하십시오. 그래서 이루어진 느낌이 나에게 자연스러운 것이 되게 하십시오. 그러면 얼마 있다가 내가 이루어진 느낌에 저절로 돌아가 있는 것을 발견하게 될 것입니다. 내가 가장 자주 들어가는 상태가 내가 거주하는 곳입니다. 내가 일상에서도 이루어진 분위기의 상태에 자주 돌아간다면 난 그 상태에 살고 있는 것입니다. 내가 지금 머물고 있는 상태에 있는 것이 나의 지금의 습관인 것처럼, 새롭게 자주 들어간 상태도 습관이 될 것입니다.

이것이 성서에서 말하는 죄의 용서입니다. 이것은 우리 인간이 현재와는 반대의 상태에 들어가서 그것의 일부가 되는 능력을 시험합니다. 결핍에 푹 절여진 사람이 스스로를 풍요롭다고 느껴서 이것을 자신에게 자연스러운 것으로 만들 수 있나요? 이건 현재와는 반대의 속성에 들어가서 그것의 일부가 되는 인간의 능력을 시험하는 것입니다. 죄의 용서라고도 합니다. 전 어떤 상태에 빠져 있는 사람을 용서합니다. 그래서 그를 그곳에서 건져 다른 상태에 놓습니다.

그는 다시 예전의 상태로 돌아갈지 모릅니다. 그러면 이런 질문이 생깁니다. "얼마나 많이 내 형제를 용서해야 하나요, 주여?" 여기서 형제는 여러분 자신일 수도 있습니다. 감각의 인간이 있기 때문에 용서에 대한 문제가 발생합니다. 우리는 감각의 당나귀 위에 올라타고 있습니다. 내가 과거의 상태로 돌아갈 때마다 얼마나 자주 나 자신을 용서해야 합니까? 일흔 번씩 일곱 번입니다.

일흔 번을 일곱 번만 하지 마십시오. 나는 지금 내가 원하는 그 사람이라는 것을 나 스스로 설득될 때까지 계속해야 합니다. 어쩌면 처음 하자마자 그렇게 될 수도 있습니다. 나는 지금 나라고 받아들이고 있는 모습이 되었다는 것을 설득하는 데에 하루가 걸릴 수도, 일주일이 걸릴 수도, 한달이 걸릴 수도 있습니다. 이성과 감각이 거부하는 순간에도 나는 계속해서 그 가정이 자연스러워질 때까지 사실로 고집할 수 있습니까? 힘은 내 안에 있지, 바깥 어디에 있는 것이 아니기 때문에 그렇게 할 수 있다면 가정은 외부로 모습을 나타낼 것입니다.

여러분에게 말해줄 것은 단 한 가지, 그건 세상에서 가장 위대한 책인 성경에 대한 제 경험을 통해 발견한 것입니다. 성경은 여러분들의 전기이자, 저의 전기입니다. 당신의 전기를 경험하고 성서에서 말하는 하느님을 알게 될 날이 올 것입니다. 당신은 성경에서 말하고 있는 하느님입니다. 당신은 아버지라는 사람이고, 당신에게는 그 부자(父子)관계를 밝혀줄 아들이 하나 있습니다. 아들이 나타나면 당신은 그 관계에 대해 어떤 의심도 사라질 것입니다. 당신은 그가 누구인지 정확하게 압니다. 그리고 그도 당신이 누구인지 압니다. 그때 당신은 처음으로 당신이 하느님인 것을 진심으로 받아들이게 됩니다.

이 육신이란 옷을 걸치고 있고 자신이 누구인지 잊고 있기 때문에 당신은 한계 속에 있습니다. 그런 한계에도 불구하고 저 경험만큼은 잊을 수 없습니다. 당신이 마지막 순간 육신의 옷을 벗어 던질 때 당신의 것인 지혜와 권능이 주어집니다. "오직 내려온 자만이 올라갈 수 있다."라고 말해지는 것처럼 당신은 이곳에 내려오기 전에 당신이 있었던 곳으로 올라갑니다. 당신이 먼저 하늘에서 내려오지 않았다면 영원히 하늘 위로 올라갈 수 없습니다. 위에서 태어날 때 당신은 그곳에 도달하게 됩니다. "인간이 위에서 태어나지 않는다면 하늘나라의 왕국에 결코 들어갈 수 없더라."

당신은 위로부터 태어나서 무덤으로부터 나옵니다. 이 무덤은 자궁이자, 당신의 두개골입니다. 이것은 무덤이고, 자궁의 형태로 스스로를 만든 것인데, 당신은 그곳으로부터 나오게 됩니다. 실제 어린 아이로 나오는 것이 아니라, 당신이 다시 태어나는 것에 대한 상징입니다. 당신은 태어나고, 아이는 당신이 위로부터 태어났다는 사실을 증거하면서, 포대기에 싸인 채 나옵니다. 그후, 다른 징후들이 모두 하나씩 차례로 나옵니다. 42개월의 짧은 기간 동안 전체 드라마는 끝납니다. 당신은 무슨 일이 일어났는지에 대한 기억을 가지고 육신의 옷을 입은 채, 당신의 말을 들어줄 사람들에게 당신이 경험한 것을 전하기 위해 이 땅에 남아 소식을 전합니다.

바울은 골로새서에서 우리에게 말합니다. "내가 당신에게 가르친 복음은 이 하늘 아래 모든 이에게 전해졌던 것이다." 이 말이 믿기나요? 1세기 지중해에는 매우 극소수의 사람만이 문명화되어 있었다는 사실은 우리가 너무나도 잘 알고 있습니다. 그때에는 아주 넓은 동양도 있었고, 유럽 대부분은 표범가죽을 뒤집어쓰고 다니던 사람들이 살았습니다. 그런데 위의 말을 어떻게 받아들여야 할까요?

갈리디아서에는 "성서에서는, 하느님이 이교도(비유대인)를 올바르게 바로잡을 것을 미리 알고 먼저 아브라함에게 복음을 전했다."라고 말했습니다. 이것을 역사적인 것으로 받아들인다면 아브라함은 이 편지보다 2천년 전에 있었습니다. 만일 아브라함이 모든 이들의 조상이고, 하느님은 세상이 있기도 전에 우리를 선택했다면, 하느님이 그 복음을 아브라함에게 전할 때 나에게도 복음을 전했다는 이야기가 됩니다.

만일 이 문장을, 모든 것을 담고 있는 의식의 상태를 설명하는 것으로 받아들인다면 우리는 하느님의 구원의 계획에 대한 이야기를 듣게 됩니다. 하느님은 아들이 돌아오는 길을 준비했습니다. 사람들은 인간이라는 육신의 옷을 입고 있기 때문에 지금은 죽음의 세상 안에 있습니다. 하지만 당신은 시간을 멈추는 힘을 갖게 될 것입니다. 당신은 그 방향을 향해 나아가고 있습니다. 모두 다 그 힘을 갖게 될 것입니다. 단 한 사람의 아들도 아버지로서 돌아가는 것을 실패하지 않을 것입니다.

이런 이야기가 여러분에게 전혀 흥미를 주지 않는다 해도 괜찮습니다. 성경은 이렇게 말합니다. "나는 세상에 기근을 내리리라. 그건 빵에 대한 배고픔도, 물에 대한 갈증도 아닌, 하느님의 말씀을 듣고자 하는 갈증이라." 이 갈증이 오게 되면 세상 어떤 것도 당신을 만족시키지 못합니다. 어떤 것도! 그때 당신은 하느님 말씀의 비밀을 찾아내야만 합니다.

당신에게 다시 한 번 상기시켜드리겠습니다. 성서들 모두는 내면의 신비를 토대로 쓰인 것이지, 그것을 덮고 있는 신비주의적인 의미를 담고 있는 책이 아닙니다. 우리는 성경의 인물들에게 이름을 주었지만 그것들은 모두 의식 상태들입니다.

우리는 셰익스피어 작품 속 인물들을 말하는 것처럼 성경의 인물들을 말하지만, 셰익스피어 작품 속의 인물들은 셰익스피어의 마음이 아닌, 어느 다른 곳에 살고 있습니까? 그런데 우리는 셰익스피어가 만들었다는 사실은 잊은 채 그 인물들을 인용합니다.

한 친구는 수년 전에 저와 함께 셰익스피어의 왕들이라는 프로그램을 보고 있었습니다. 그녀는 캐나다에서 태어난 매우 열렬한 영국 국민이었으며 그래서 영국에서 나온 것이라면 모든 것이 완벽하다고 느끼는 사람이었습니다. 우리는 소파에 앉아 텔레비전을 보고 있었습니다. 리차드 3세의 입에서 매우 멋진 말이 나오자, 그녀는 "봐요. 이들은 사람들이 생각하는 것과는 다르게 매우 멋지고, 매우 단정한 신사예요."라고 말했습니다. 전 "오, 그런데 그건 셰익스피어예요. 리차드 3세는 저런 말들을 읽지도 쓰지도 못해요. 셰익스피어가 쓴 거죠."라고 말했습니다.

그러자 그녀는 "아! 그래요. 맞아요."라고 답했습니다. 하지만 채 1분도 지나지 않아 금세 잊고는 다시 말했습니다. "와! 저 사람들은 얼마나 멋진지, 봐요!" 다시 전 또 "그런데 그건 셰익스피어예요."라고 반복했습니다. 그날 밤 내내 이 이야기를 반복했지만 이 왕들이 생각을 직접 한 것이 아니란 것을 설득할 수 없었습니다. 성경의 일들이 하느님 아버지의 마음 안에서 일어난 것처럼, 이 인물들 역시 셰익스피어의 마음 안에서 생겨났던 것입니다.

하느님 아버지의 마음은 아주 거대한 뇌와 같습니다. 그리고 우리는 꿈꾸는 자 마음 안의 뇌세포와도 같습니다. 그분은 이 모든 것을 꿈꾸고 있습니다. 하지만 결국에 그분은 그분의 아이들인 우리들을 그분 자신으로 각각 만들 것이고, 이사야에서 그분이 말했던 것처럼 단 한 명도, 내 모든 신성한 산에서는 단 한 명도 잃지 않을 것입니다. "저 멀리로부터 내 아들들과 이 땅의 끝으로부터 내 딸들을 부르라." 그 누구도 잃지 않기 위하여 그들을 모두 부르십시오.

당신이 연기하는 지금의 역할이

마음에 들지 않는다면

그 상태에 반응하지 마십시오.

[리액트] 중에서

Mind & Speech
마음과 말

우리의 내면에서는 매순간 대화가 진행되고 있습니다.

여러분은 어떤 말을 하고 있습니까?

당신의 이 거대한 세상은 이 내면대화가

밖으로 펼쳐진 것이기에 내면을 잘 관찰해보고,

무슨 말을 하고 있는지 주의 깊게 살피세요.

그래서 이 대화를 바꾸는 단순한 행위로

당신의 세상을 바꿀 수 있습니다.

내면에서 이루어지고 있는 대화가 바로 당신의 본성입니다.

　이 세상 전부는 우리가 하느님의 선물을 어떻게 사용했는지를 보여주고 있습니다. 선물을 받는다는 것이 우리가 선물을 지혜롭게 사용한다는 의미는 아닙니다. 어쨌든 우리 모두는 선물을 받았고, 이 세상은 우리가 선물을 어떻게 사용했는지를 보여줍니다.

셰익스피어는 '베니스 상인'의 포샤의 입을 빌려 이렇게 말했습니다. "만일 유익한 것을 실천하는 것이, 무엇이 유익한지 아는 것만큼 쉬웠다면 작은 예배당은 큰 교회가 되었을 것이고 가난한 자의 오두막은 왕자의 궁전이 되었을 거야. 자신이 가르친 것을 따르는 사람은 훌륭한 사람이지. 옳은 일 하나를 행하는 것은 무엇이 옳은지 스무 개를 가르치는 것보다 훨씬 어렵지."

당신과 저는 선물을 받았습니다. 우리는 이 선물을 어떻게 사용했나요? 복음서가 나왔던 1세기에, 헤르메티카(헤르메스 문서)라 불리는 책이 있었습니다. 월터 스콧 경은 이렇게 번역했습니다. "하느님이 다른 필멸의 동물들에게는 주지 않고 오직 인간에게만 준 두 가지 선물이 있다. 이 두 가지 선물은 마음과 말이다. 마음과 말이라는 선물은 가장 중요하고, 불멸성과 같다. 만일 이것들이 올바르게 사용된다면 인간은 신과 조금도 다르지 않을 것이다. 그리고 이 두가지는 인간이 몸을 떠나게 될 때 그들의 안내인이 되어, 축복을 얻었던 신들과 영혼들이 모여 있는 극단으로 우리를 인도한다."

여기서 말하는 '말'은 우리가 외부에서 하는 말을 지칭하는 것이 아닙니다. 아마 여러분도 저와 같은 경험을 꽤 해봤을 것입니다. 아는 사람들이 없는 파티에 가본 적이 있을 것입니다. 그곳에서 사람들을 만날 때마다 "알게 되어 반갑습니다." "이렇게 만나게 되어 참 기쁘네요.""만나게 되어 영광입니다." 등의 표현이 흔하게 쓰입니다. 한잔 마시고 약간의 식사를 가진 후에 파티는 끝납니다. 그러면 어디선가 "진짜 미치도록 지루했네."라는 말이 들려오는데 방금 전에 반갑게 인사했던 사람의 입에서 나온 말입니다.

바깥으로 내뱉는 말은 우리 안의 진심과 일치하지 않는 경우가 많습니다. 하느님이 보고 있는 것은 외부인간이 아닌 내면의 인간입니다. 우리 주변의 세상으로 단단하게 굳어진 것은 바로이 내면의 말입니다. 세상 전부는 내면의 대화가 굳어진 것에 불과합니다. 우리는 내면에서 어떤 말을 하고 있습니까?

시편 50장에서는 "자신의 대화를 옳게 만드는 자에게 나는 하느님의 구원을 보이리라."고 말합니다. 만일 아침, 점심, 저녁 계속해서 내면의 대화를 통제해서 꿈 세상까지 지니고 간다면 자신이 만들고 있는 세상이 무엇인지 알게 될 것입니다.

잠시만 멈추고, 스스로에게 이런 질문을 던져보세요. "지금 내가 무슨 생각을 하고 있을까?" 당신은 매순간 아주 작은 내면의 목소리를 내고 있는 중입니다. 당신이 어떤 사람을 만났을 때, 세상 사람들은 그를 대단하다 생각하지만 당신은 그렇지 않다고 생각한다면 당신은 속으로 어떤 말을 하고 있나요? 당신이 실제로 어떤 말을 하고 있는지는 오직 신만이 듣고 있습니다. 외부에서는 그를 만나 반갑다고 말하기도 하고 만난 것에 대해 아첨을 하고 있을지 모르지만, 그때 당신은 속으로 어떤 말을 하고 있나요?

여러분이 내면을 관찰했으면 합니다. 당신 내면에서 실제로 어떤 일들이 일어나고 있는지 관찰하십시오. 바로 그곳이 하느님이 보고 있는 곳입니다. 당신은 아주 작은 음성으로 지금 하고 있는 것을 속으로 말하고 있고, 그것들이 당신 주변의 세상으로 결정화되고 있는 중입니다.

그래서 만일 좋은 것을 실천하는 것이 무엇이 좋은 것인지 아는 것만큼 쉽다면 우리 모두는 왕이 되었을 것이고, 우리가 이 세상에서 원하는 모습이 되었을 것입니다. 하지만 실천하는 것은 아는 것보다 훨씬 어렵다는 것을 알 것입니다. 계속해서 말은 할 수 있지만, 오직 실천만이 그 일을 해낼 뿐입니다. 실천하세요!

한 남자가 이제껏 자신이 가졌던 꿈을 넘어, 건물 하나를 보면서 그것을 갖고자 하는 욕망을 갖고서, 그 꿈을 오직 자신의 어머니에게만 말합니다. 어머니는 아들이 그 건물을 소유하지 못할 거라는 생각에 좌절합니다. 그래도 아들은 사랑하는 어머니에게만 자신의 꿈을 말합니다.

그는 자신이 그 건물의 소유자인 것처럼 건물의 간판을 바꿔서 봅니다. 그 간판에 상상으로 다시 써낸 자신의 이름을 보며, 속으로 "이건 내 빌딩이야."라고 말합니다. 매일같이 그곳을 지날 때면 건물의 주인이 자신인 듯, 건물의 이름을 바꾸어서 읽어 봅니다.

2년이 지나자 갑자기 그 건물이 매물로 나왔을 때 한 낯선 남자가 들어와서는 건물을 살 수 있게 돈을 빌려주겠다고 제안합니다. 그에게는 어떤 담보도 없었습니다. 그런데도 그날 그는 그 건물의 주인이 됐습니다. 그곳에서 수년에 걸쳐 사업을 성공적으로 이끌었을 때, 그 사업을 사겠다는 제안이 왔습니다. 그는 다른 사람에게 5만 달러를 빌려 시작했던 사업을 양도소득세 없이 84만 달러에 팔았습니다. 오직 내면의 대화를 통해서 이룬 일입니다.

내면의 소리가 없다면 어떤 것도 읽을 수 없습니다. 다른 사람들은 보지 못합니다. 하지만 전 무언가를 읽을 때면 내면에서도 제가 읽는 것을 반복하고 있습니다. 몇 달 전에 제가 비버리힐스에 가고 있을 때 버스에서 한 광경을 봤습니다. 한 남자가 신문을 읽고 있었는데 읽는 단어마다 입으로 모양을 만들고 있었습니다. 그 움직임을 잘 해석만 한다면 읽고 있는 내용이 무언지 말할 수 있을 정도였습니다. 그분만큼 눈에 띄게 하지는 않지만 사람들 모두 다 그렇게 하고 있습니다.

우리가 무언가를 읽을 때면 속으로도 그 단어들을 읽고 있습니다. 이건 모두 우리의 상상력 안에 있습니다. 오직 우리의 상상력 안에 있습니다. 이것이 하느님의 선물입니다. 헤르메티카에서는 마음으로 번역됐습니다. "하느님이 다른 필멸의 동물에게는 주지 않고 오직 인간에게만 준 두 가지 선물이 있다. 이 두 가지 선물은 마음과 말이다. 이것들은 불멸성과 같다. 그래서 인간은 이 선물들로 인하여 신과 조금도 다르지 않게 된다. 만일 이것들을 지혜롭게 사용한다면 세상 전부는 그의 것이 된다."

세상은 신의 말씀으로 창조되었고 보이는 것들은 보이지 않는 것으로부터 만들어졌다고 말해지지 않았습니까? 아무것도 없는 곳에서 우리는 내면의 말과 상상력(마음이라 불러도 좋지만 전 상상력이란 단어를 더 선호합니다)으로 창조를 합니다. 어떤 상태이든 상상하십시오. 자신을 설득할 수 있는 상태라면 어떤 것이라도 좋습니다. 상상한 상태를 진실로 믿느냐가 관건일 뿐입니다.

하지만 무엇이 옳은 지를 아는 것이 그것을 실천하는 것과 같지는 않습니다. 왜냐하면 "만일 옳은 것을 실천하는 것이 무엇을 옳은 것인지 아는 것만큼 쉬웠다면 작은 예배당은 큰 교회가 되었을 것이고 가난한 자의 오두막은 왕자의 궁전이 되었을 것"이기 때문입니다. 세상의 교사라는 사람들 중에 자신이 가르치는 것을 실천하고 있는 사람이 몇이나 될까요? 그렇기에 그들은 "난 무엇이 옳은지 스무 개를 가르치는 것이 이 중 하나를 따르는 것보다 훨씬 쉽지."라고 고백합니다.

조금 더 명확하게 해보겠습니다. 당신은 선물들을 갖고 있습니다. 말을 할 수 있습니다. 말을 못하는 사람이더라도 내면에서는 말을 할 수 있습니다. 속에서 작은 소리를 만들 수 있습니다. 이렇게 마음에서 내는 소리를 당신의 소망이 이루어진 것으로 만드십시오. 로버트 밀리컨이 어린 시절 명석한 두뇌를 빼고는 가진 것이 없던 가난한 소년이었을 때 했던 것처럼 하십시오. 문학적으로 뛰어난 능력을 가졌지만 가진 돈이 없었던 그는 가난에 지쳤습니다. 마음의 작동법을 이해한 밀리컨은 자신이 더 이상 가난하지 않다는 것을 나타내는 하나의 문장을 만들었습니다. 그가 만든 문장은 이랬습니다. "나는 정직하고 선한 수입이 풍성하고 꾸준하고 안정적으로 들어오고 있다."

그가 바로 칼 테크(Cal Tech)의 대표가 된 로버트 밀리컨입니다. 그는 우리에게 우주선(cosmic ray)의 발견이란 자산을 남겨 줬고, 이 세상을 떠났을 때 많은 재산을 자선단체에 남겼습니다. 제가 알기로는 YMCA도 이것 중 하나입니다.

그는 매우 충만하고 멋지고 경이로운 삶을 살았습니다. 그를 만났던 사람들은 그와의 만남을 통해 매우 유익한 영향을 받았습니다. 하지만 그런 그도 아무것도 없는 상태에서 이 단순한 테크닉을 사용해서 시작했습니다. 신이 이 세상의 모든 이에게 주었던, 마음과 말이라는 선물을 사용했던 것입니다.

당신이 프랑스인이든 미국인이든 어떤 나라이든 관계없이 말과 마음을 지니고 있습니다. 이 선물을 사용해서 이미 나타난 것들을 그대로 받아들이는 대신 무시하십시오. 그것은 당신이 현실로 만들었던 것입니다. 내면의 말이 단단한 결실이 되어 나타난 것이, 바로 이 눈에 보이는 세상입니다.

이제 이것으로부터 등을 돌리고 문장을 새롭게 만들어보십시오. 밀리컨을 가난한 소년에서 매우 성공한 사업가로 완전히 탈바꿈시켰던 그 문장처럼 만드십시오. 그는 원리를 적용하는 법을 결코 잊지 않았기에 성공을 거둘 수 있었습니다.

그는 '하는 것'이 '아는 것'만큼 쉽다는 것을 알았던 사람 중에 한 명입니다. 반면 많은 사람들은 '아는 것'이 쉬운 줄은 알지만 '하는 것'에는 어려움을 겪고 있습니다. 이런 경우를 수없이 보곤 하는데, 전 사람들에게 "지금 당신이 당신 자신에게 어떤 일을 하고 있는지 아시나요?"라고 물을 때가 있습니다. 그러면 그는 "예. 물론 알고 있어요. 그런데 잠시만 시간을 주세요. 지금은 마음 속에서 앙갚음하는 것이 너무 즐거운 걸요."라고 대답합니다. 앙갚음의 대상은 어디에도 없습니다. 세상에는 타인이란 없기 때문입니다.

이사야 45장에서는 "나는 주이고, 나 외에 어떤 하느님도 없다."라고 말합니다. 자, 당신은 말씀을 원합니까? 성경에서는 "그 말씀은 네게서 매우 가깝다. 그건 네 입 안에 있고 네 가슴 안에 있다. 보라. 나는 지금 네 앞에 생명과 선, 축복과 저주, 죽음과 악을 놓았다. 너와 너의 자손들이 살 수 있게 생명을 선택하라."고 말합니다.

모든 것이 당신 앞에 놓여 있습니다. 말씀이 당신의 혀 안에 있기 때문에 당신이 원하기만 한다면 죽음도 선택할 수 있습니다. 그것은 당신의 입 안에, 당신의 가슴 안에 있기에 당신은 지금 당장 선택할 수 있습니다. 그래서 당신은, "누가 올라가서 나를 위해 그걸 갖고 올 수 없겠는가? 아니면 누가 내려가서 그것을 갖고 올라와 줄 수 없겠는가?"라고 물을 필요조차 없습니다. 그것은 당신이 알고 있는 것보다 더 가까이, 바로 지금 여기에 있습니다. 당신의 입 안에 있고, 당신의 가슴 안에 있기에 지금 당장 할 수 있습니다. 당신은 어떻게 하겠습니까? 어떤 문장이 당신을 지금 이미 원하는 모습이 되었다는 것을 나타내게 합니까? 당신은 무엇을 해야 하는지 알고 있습니다. 하지만 중요한 것은 무엇을 해야 하는지 아는 것이 아니라, 그것을 지금 당장 하는 것입니다.

어떤 이는 다음의 놀라운 계시를 얻었습니다. 계시가 일어났던 아침에 저도 그 자리에 함께 있었습니다. "그대의 생각, 그대의 시간, 그리고 그대의 돈을 소비하지 말라. 삶의 모든 것은 투자가 되어야만 한다." 굉장히 마음에 드는 구절이었습니다. 그래서 저의 책 '깨어난 상상력(AWAKENED IMAGINATION)'의 '하늘나라의 동전'이란 챕터에 이 내용을 포함시켰습니다. 이 메시지는 하느님이 그녀를 통해 전한 메시지였지만, 그녀는 이것을 삶에 적용하지는 못했습니다.

그녀는 도서관으로 달려가 '소비'와 '투자'라는 단어의 뜻을 찾아봤습니다. 소비한다는 것은 돌아올 희망 없이 돈을 내어놓고 낭비하는 것입니다. 투자한다는 것은 투자금액에 대해 일정한 수익을 기대하고 돈을 내어놓는 일입니다. 투자는 내어놓은 것에 대한 수익이 돌아옵니다. "당신의 생각, 당신의 시간, 당신의 돈을 소비하는 것을 멈춰라!" 시간은 반드시 수익을 돌려줍니다. 값어치 있는 일입니다. 당신의 생각은 당신 내면의 말이고, 이것은 낭비가 아닌 투자가 되어야만 합니다. 모든 것은 투자가 되어야지, 낭비가 되어서는 안됩니다.

하지만 "옳은 것을 실천하는 것이 무엇이 옳은지를 아는 것만큼 쉽다면"이라고 말해집니다. 굉장히 멋진 문장입니다. 베니스의 상인 '1막 2장'에서 포샤라는 인물의 입을 통해 말합니다.

"가르치는 사람이 자신이 가르치고 있는 것을 따르는 일이란 얼마나 어려운 일인가?" 그리고 그는 이렇게 고백합니다. "난 무엇이 옳은지 스무 개를 가르치는 것이 그중 하나를 따르는 것보다 훨씬 쉬웠다."

여러분이 직접 적용해봤으면 합니다. 단지 무엇을 할지를 '아는 것'이 당신에게 어떤 일을 해줄 거라 생각하지 마세요. 중요한 건 '하는 것'입니다. 부정적인 대화를 계속 하고 있다면 멈추세요. 아무리 그런 대화가 지금 당장은 기쁘더라도 말이죠. 당신은 아무도 듣지 않는다고 생각할지 모릅니다. 분명히 말씀드리는데, 가장 중요한 한 사람이 당신의 말을 매순간 듣고 있습니다. 당신의 아버지입니다. 그분은 당신 존재의 아주 깊숙한 곳에서 당신이 무엇을 하고 있는지 정확히 알면서 바로 이 내면의 대화를 토대로 당신의 세상을 건설하고 있습니다.

당신이 살고 있는 세상이 마음에 들지 않는다 하여도, 그 누구도 비난하지 마십시오. 그저 내면으로 시선을 돌려서 하느님이 준 두 가지 선물을 지혜롭게 사용하십시오. "그대의 대화에 맞춰 그대의 삶을 만들라."라고 말해집니다. 에베소서 4장에서는 "이전의 대화에 속한 과거의 본성을 벗고, 새로운 본성을 입으라."고 말합니다.

새로운 본성은 종종 새 인간으로, 과거의 본성은 옛 인간으로 번역됩니다. 그래서 제가 과거 본성과 예전 대화를 같은 의미로 파악한다면 새 인간과 새로운 대화도 같은 의미로 봐야합니다. 내면에서의 대화와 인간의 본성을 같은 것으로 본다면 지금 우리는 우리 안에서 실제로 어떤 일을 하고 있는 중인가요? 아침, 점심, 저녁 계속해서 내면의 말을 하고 있습니다. 우리는 이것을 멈출 수 없습니다. 만일 단 한순간이라도 멈췄다고 주장하는 사람이 있다고 하여도, 그런 일은 실제로 없습니다. 아무도 이것을 멈출 수 없습니다. 이 대화는 꿈에서까지 이어져 계속 진행됩니다.

우리의 내면에서는 매순간 대화가 진행되고 있습니다. 여러분은 어떤 말을 하고 있습니까? 당신의 이 거대한 세상은 이 내면 대화가 밖으로 펼쳐진 것이기에 내면을 잘 관찰해보고, 무슨 말을 하고 있는지 주의 깊게 살피세요. 그래서 이 대화를 바꾸는 단순한 행위로 당신의 세상을 바꿀 수 있습니다. 내면에서 이루어지고 있는 대화가 바로 당신의 본성입니다.

길을 걸을 때에도, 버스를 탈 때에도, 자리에 앉아 있을 때에도 계속해서 내면의 대화는 진행되고 있습니다. 매순간 이 대화는 계속되고 있습니다. 만일 당신이 어떤 대화를 했는지 알고 싶다면 단지 당신의 세상을 보면 됩니다. 이 세상은 당신이 과거에 했던 내면의 대화가 투영된 것이기 때문입니다. 제가 흔들린적 없었다고 여러분에게 말하는 것은 아닙니다. 저도 여러분에게 제가 내면의 대화를 항상 조절했다고 말하지는 못합니다. 제가 말하려는 것은, 여러분은 매순간 반응을 하고 있고 아무도 이걸 듣지 못하지만 당신과 당신의 아버지는 듣고 있으며, 당신은 이 내면의 대화를 바탕으로 당신의 세상을 건설하고 있는 중이라는 것입니다.

아침, 점심, 저녁 계속해서 관찰하세요. 모든 인간의 종착지는 그리스도입니다. 모든 이들은 하느님이 되는 성취를 향해 가고 있습니다. 따라서 여러분은 복음서에서 말해진 그리스도의 이야기를 연기하게 될 겁니다. 하느님이 깨어나 당신 안에서 펼쳐질 때 당신은 그리스도가 되면서 자신이 누구인지 알게 됩니다.

전 여러분이 제 이야기를 듣는 것을 넘어서 이것을 믿었으면 합니다. 전 경험한 것을 여러분에게 말했습니다. 하느님 그분이 당신 안에서, 그리고 내 안에서, 그리고 모든 이들 안에서 예수 그리스도라는 인격을 통해 인간의 역사로 왔었고, 지금도 오고 있습니다. 그리고 그분이 당신 안에 왔을 때, 그분은 당신으로 깨어납니다. 그때 성경을 읽어보십시오. 예수 그리스도에 관해 말해졌던 모든 이야기를 당신이 경험하게 될 겁니다.

그러면 당신이 '법칙'을 통해 만들어낸 빵과 물고기로 배고픔에서 해방시켜준 사람들에게, 다시 말해 어떻게 건물을 얻으며 어떻게 돈을 얻으며 어떻게 유명해질 수 있는지 가르쳐줬던 사람들에게 이젠 당신이 경험했던 예수 그리스도의 이야기를 해 주십시오. 이때 당신은 돌아서서 약속이란 목적지를 강조합니다. 약속이란 당신이 하느님이 될 것이라는 내용입니다. 당신은 세상이 모두 당신의 것이고 모든 것이 상상력 안에 있다는 것을 알기에 더 이상 건물을 원하지 않습니다. 당신은 모든 것이 당신의 것이기에 더 이상 세상의 것을 원하지 않습니다. 하지만 사람들은 이것을 알지 못하기에 계속해서 더 많은 빵과 더 많은 물고기만을 원하고 있습니다.

아침, 점심, 저녁으로 당신이 내면에서 어떤 말을 하고 있는지 주의 깊게 보십시오. 잠자리에 들 때 내면의 대화를 살펴서 분노를 지닌 채 잠자리에 들지 않게 하십시오. 분노의 순간, 부정적인 대화를 풀어버리고 당신의 소망이 성취된 것에 맞춰서 새로 만드십시오. 내면의 대화를 소망이 성취된 것으로, 그리고 아름다운 것으로 만드십시오. 만일 소망하던 일이 현실이 되었다면 어떻겠습니까? 이제 아름다운 형태를 지닌, 소망이 성취된 것을 전제로 해서 대화를 펼쳐 나가십시오. 그리고 이제 당신의 세상에서 이것들이 어떻게 펼쳐지는지 지켜보십시오.

만일 이 생각이 자기 전 마지막 생각이었다면 이제 이것은 당신이 잠자는 동안 당신의 꿈을 지배할 겁니다. 당신의 아버지는 꿈과 환상이라는 매개체를 통해 계속해서 당신에게 말하고 있습니다. 그리고 당신은 당신 안에서 전부가 펼쳐져 나오는 것을 보게 될 것이고 당신은 자신이 주 예수 그리스도인 것도 알게 됩니다. 그렇다고 밖으로 나가 지붕위에서 내가 예수 그리스도라고 외치진 않습니다. 그저 그것을 알고서는 자신이 하느님이라는 깨어난 자가 되었다는 평안 속에서 일상을 삽니다.

사람들이 당신에 대해 뭐라고 말하든 그냥 두세요. 그런 말들에 신경만 끄면 됩니다. 그들에게는 그런 분리의 상태가 일어나야만 하기 때문에 그런 행동을 하는 것뿐입니다. 그것을 두고 싸우지 마십시오. 자기정당화는 지옥에서 들리는 목소리입니다. 그러니 항상 자신이 옳다고 싸우지 마십시오. 인간에게서 치유하기 힘든 병이 있다면 자꾸 무엇이든 정당화하려는 행위입니다. 자신이 옳다는 것을 보여주려고 애쓰지 마세요. 당신은 경험한 것을 알고 있고, 이 경험은 어떤 것으로도 부정하지 못합니다. 그러니 당신이 이것을 경험하고, 가장 영광된 모습으로 성취했다면 경험한 것을 다른 사람들에게 말하면서 자신의 길을 가면 됩니다. 당신의 경험들은 모두 성서에 있습니다.

진리가 이 세상에 나타날 때, 그는 평화가 아닌 칼을 가져다주기 위해 옵니다. 그는 과거 속에 당신을 묶어 놓았던 관습적인 배경들을 끊어냅니다. 왜냐하면 이 세상에서 종교적인 관점에서의 진정한 발전은, 관습적인 하느님에서 경험의 하느님으로의 점진적 전환에 있기 때문입니다. 그것은 당신이 하느님을 직접 경험하여 그 경험이 모든 것을 통해 나타나게 될 때 이루어집니다. 하느님의 아들이 당신을 아버지라 부르면 그가 누구인지, 그리고 자신이 누구인지 조금의 의심도 들지 않습니다. 당신의 영원한 아들 앞에 당신이 섰을 때 기억은 돌아옵니다. 아들도 알게 되고, 당신도 알게 됩니다. 당신은 경험을 했기 때문에 세상 어떤 사람도 이 기억을 방해할 수는 없습니다. 당신은 절대 경험한 것을 부정할 수 없습니다.

저는 여러분에게 어떤 일이 일어날지 말하는 중입니다. 선물을 지혜롭게 사용하세요. 지금 이 순간부터 지혜롭게 사용해보세요. 그렇게만 한다면 "나는 그대에게 하느님의 구원을 보여주리라."고 말해집니다. 시편의 마지막 구절이니 읽어보십시오.

사람들은 '대화'를 '삶의 방식'으로, 혹자는 '사는 방법'이라고 번역했지만 제임스 왕 시대에는 이 구절을 항상 '대화'로 사용했습니다. "이전의 대화를 벗어 던지고 마음의 영에서 새롭게 되어라." 당신이 예전의 것을 벗어 던진다면 그 자리에 새 것을 둬야 합니다. 새로운 대화입니다. 벗어 던진 것은 옛 사람과 같은 의미입니다. 옛 것을 벗어 놨을 때 이제 새로운 것이 그 자리를 대체합니다. 새로운 대화입니다. 요엘 3장 10절에 이런 구절이 있습니다. "약한 자가 나는 강하다고 말하게 하라. 왜냐하면 다른 하느님이란 없기 때문이라. 나는 주이고 나 외에는 어떤 하느님도 없더라."

당신은 선택을 합니다. 생명을 선택할 수도, 죽음을 선택할 수도 있습니다. 선이든 악이든, 축복이든 저주이든 전적으로 당신에게 달린 일입니다. 지금 당신에게 나타난 세상은 어떤 모습입니까? 당신이 과거에 어떤 선택을 했는지 당신의 세상을 보며 알 수 있습니다. 매일 아침 뉴스 1면에는 항상 재앙적인 일들에 관한 것뿐입니다. 신문사가 신문을 팔기 위해 이런 내용을 인쇄했던지, 아니면 우리가 이런 기사들을 원하고 있었던지 그럴 겁니다. 아침, 점심, 저녁으로 우리는 계속해서 이 불쾌한 생각들의 음식들로 만찬을 열었으며 이 보잘것없는 것들로 내면의 대화를 했었습니다. 이런 불쾌한 음식들은 그저 내면에 머물러 있지 않습니다. 이것들은 점점 부풀어오르고 객관화가 되어 우리 세상에 단단한 현실이 됩니다.

눈에 보이는 세상 전부는 우리가 하느님의 선물을 어떻게 잘 사용했는지, 혹은 잘못 사용했는지를 계속해서 보여주고 있습니다. 그리고 하느님의 선물이란 당신의 마음과 말입니다. 바깥으로 소리내는 말이 아닙니다. 바깥에서의 말은 얼마나 기만적인지 우리 모두 잘 압니다. 하느님은 내면을 봅니다. 인간은 외형을 보지만 하느님은 내면의 인간을 봅니다.

당신 내면의 대화를 보고 있을 때면 당신은 실제로 당신의 새로운 본성을 보고 있는 중입니다. 이것이 마음에 들지 않는다면 바꾸십시오. 그래서 옛 사람을 벗어 던지고 새 사람을 입으십시오. 그러면 당신에게 하느님의 구원이 보일 것이고, 나중에는 모든 것이 당신 안에서 펼쳐질 겁니다.

제 경험을 말해보자면 약속이 제 안에서 이루어지기 전에는 마음속에서 형과 언쟁을 벌이곤 했습니다. 그 당시 우린 5천 마일이나 떨어져 있었는데 전 돈이 필요했습니다. 저는 마음속에서 형과 언쟁을 벌이고 있다는 것을 깨닫고는 멈췄습니다. 그리고 샅샅이 언쟁들을 찾아서 없앴습니다. 형이 제게 5센트를 보내든 아니든, 전 여전히 그를 사랑하고 존경하고 감사하면서 돈이 어디서 들어오는지 개의치 않고 묵묵히 제 할 일을 했습니다. 일을 쉬고 있던 1년 동안에도 예전에 돈을 잘 벌던 시기처럼 살았기 때문에 당시 갖고 있던 돈을 물처럼 다 써버려 남은 돈이 없었습니다.

그 후 전 형과의 내면의 대화를 바꾸기 시작했고, 그렇게 옛 사람을 새 사람으로 바꿨습니다. 그러자 얼마 지나지 않아 제가 요청하지도 않았는데 매우 큰 금액의 수표가 들어왔습니다. 백지 수표였습니다. 이것을 달라고 호소한 적도 없었습니다. 이 법칙은 이런 식으로 작동됐습니다. 그런데 만일 당신이 계속 언쟁하는 분위기에 있으면서 그 분위기를 계속 즐기고 있다면 단지 마음속 언쟁에서 끝나지 않을 거란 걸 기억하셔야 합니다. 그건 계속 부풀어져서 단단한 결정이 되고 당신의 세상에 현현되어 나타날 겁니다.

사랑스러운 내면의 대화를 계속 해나간다면 얼마 후에 행복한 것으로 나타난다는 것을 알고 있나요? 굉장히 행복한 것으로 나타납니다. 저를 믿으세요. 당신을 속이는 것이 아닙니다. 약속에 관해 어떤 일이 일어났는지 전 있는 그대로 당신에게 말했습니다. 그리고 법칙에 관해 어떻게 그것을 증명했는지도 있는 그대로 말했습니다. 이 일은 당신에게도 똑같이 일어날 겁니다. 법칙을 가지고 지금 당장 실천하세요. 그리고 사랑스러운 대화를 계속한다면 시편 50장의 약속이 현실이 되어 나타난다는 것을 기억하세요. 그분은 당신에게 하느님의 구원을 보여줄 겁니다.

하느님의 구원을 간단히 말하자면 당신이 하느님으로 깨어나는 것입니다. 그분은 당신에게 구원을 그렇게 보여줍니다. 그분은 오직 한 분뿐인 예수 그리스도라는 인격으로 인류 역사 안으로 들어왔었고, 지금도 들어오고 있습니다. 깨어남이 일어나면 당신은 예수 그리스도가 됩니다. 당신의 이름이 바뀌는 건 아닙니다. 여전히 메리, 스탠리, 존입니다. 하지만 약속이 성취되면 당신은 자신이 누구인지 압니다. 여전히 스탠리, 메리, 네빌로 거리를 걷고 있지만 당신은 참된 자신을 알게 됩니다.

이 이야기 전부는 당신에 관한 것입니다. 어느 날 당신이 주 예수 그리스도라는 것을 실제로 알게 될 겁니다.

이것은 신의 뜻에 당신을 내려놓는 것입니다. 이상향이 선명하게 정해졌다면 계속해서 이 상상 속의 행동을 반복하십시오. 그래서 당신이 이것에 영향을 받아 성취된 소망이 마음을 지배하게 만드십시오. 이 관념이 단단하게 자리를 잡아 이것에서 생각이 자연스럽게 흘러 나오게 될 때 보십시오. 그때 당신 외부의 세상이 변화를 겪고 있을 것입니다..

[리액트] 중에서

Justified States
하느님의 왕국

당신이 가난의 상태에 들어갔다면 가난을 경험해야만 합니다.
그곳에 계속 있다면 마지막 한 방울까지 가난이란 경험을 마시
게 될 겁니다. 당신이
들어가는 상태가 어디이든 그곳에 머문다면
계속해서 마지막 한 방울까지 그것들을 마시게 될 겁니다.
하지만 중요한 것은
당신이 머물러 있던 상태에서 언제든 나갈 수 있다는 사실입니다

　많은 사람들이 우리는 이것을 해야 한다, 저것을 해야 한다고
말합니다. 이런 말들은 잊어버리세요. 하느님은 모든 것을 이제
껏 나왔던 모습으로, 그리고 앞으로 완성될 모습으로 다 계획했
습니다. 당신에게 왕국을 주는 것은 아버지의 기쁨입니다. 이것
은 당신이 구해서 얻어야 하는 것도 아니고, 당신이 무언가를 지
불해야 하는 것도, 무언가에 대한 보상으로 얻는 것도 아닙니다.

이건 공로 없이 얻게 되는 선물입니다. 그렇기에 당신이 이걸 잃을 일도 없습니다. 변경할 수 없는 선물입니다. 당신에게서 이 선물을 뺏을 수 있는 사람도 없고, 당신에게 이 선물을 줄 수 있는 사람도 없으니 누구도 그걸로 협박할 수 없습니다. 이것은 당신의 것이며 시간에 맞춰 오고 있는 중입니다.

이 선물은 다름 아닌 하느님 자신입니다. 하느님이 당신에게 왕국을 줄 때 하느님은 당신에게 그분 자신을 주는 겁니다. 왜냐하면 왕국이란 어떤 영토에 기반한 왕국이 아닌, 하나의 성품이자 하나의 완벽한 몸이기 때문입니다. 당신이 어디에 있든 이 몸을 두르고 있다면, 당신을 둘러싼 모든 것이 완벽해집니다.

당신이 말라버린 숲에 있다면 그곳은 다시 무성하게 변할 것입니다. 당신이 관계가 틀어져버린 사람들 사이에 있다면 그들 모두 사이가 좋아질 겁니다. 눈먼 자, 절뚝거리는 자, 쇠약한 자 사이에 당신이 있다면 그들 옆을 지나 갈 때 잃어버렸던 눈은 텅 빈 곳에서 다시 나타나 비워진 자리를 채울 것이고, 잃어버렸던 팔, 잃어버렸던 다리들 역시 당신이 곁에 있다는 이유만으로, 빈 공간에서 나타나 완벽하게 채워질 겁니다. 이것은 하느님의 선물입니다. 바로 하느님 그분이라는 선물이며, 그분의 몸입니다. 당신은 어느 날 이 몸을 두르게 될 겁니다.

"그대 안의 그리스도가 나타날 때 그대에게 주어질 은총에 그대의 희망을 온전히 두어라." 이 은총은 당신 안에서 하느님과 그분의 아들이 펼쳐지는 것입니다. 이것은 이 길고 어두운 시간의 짐을 인내하는 것을 지혜로운 일로 여기게 하는 희망입니다. 바울은 이것을 "지금의 고통은 우리 안에서 펼쳐질 영광과는 비교할 수 없다"고 말했습니다.

"우리는 그분의 은총으로 의롭게(올바르게) 된다."라고 말해집니다. 의롭게 된다는 것은 성서에서, 신의 죄사함을 말합니다. 당신이 이전에 어떤 일을 했든, 당신의 죄는 완전히 사해집니다.

"그분은 그분이 미리 알았던 사람들을 그분 아들의 모습으로 만들기를 미리 예정하셨더라. 그분은 그분이 부른 자들을 의롭게 하였다. 그분은 그분이 의롭게 한 자들을 또한 영광되게 만들었더라." 의롭게 하는 것(바로잡는 것)은 신의 죄사함이고, 영광스럽게 하는 것은 당신에게 하느님 그분이라는 선물을 주는 것입니다. 인간이 하느님 아버지가 되는 순간 완전한 성장을 이룬 것입니다.

"우리에게 왕국을 주는 것은 아버지의 큰 기쁨이다." 우리에게 왕국을 줄 때 하느님은 우리에게 그분 자신을 주게 됩니다. 그리고 우리에게 그분 자신을 줄 때 우리는 우리의 아버지가 됩니다. 어떤 사람이 당신에게 와서, 당신이 왕국을 얻기 위해서는 이런 저런 것을 해야 한다고 겁을 줘도 걱정하지 마십시오. 당신은 어떤 대가를 주고 이 선물을 얻는 것이 아닙니다. 지불해야할 것이란 없습니다. 만일 이것이 무언가를 지불해야만 하는 것이었다면 선물이라는 말을 쓰지도 않았을 겁니다. 어떤 것에 대한 보상으로 주어지는 것이 아닙니다. 당신은 왕국을 소유할 수있게 됩니다. 그런데 이렇게 되는 것은 당연한 결과로서 일어나는 것이지, 하느님의 선물을 받기 위한 조건은 아닙니다.

하느님이 당신에게 그분 자신을 주는 순간, 당신은 왕국에 들어가기 적합하게 됩니다. 당신은 하느님의 몸을 두르게 되고, 당신 주변의 모든 것은 완벽하게 됩니다.

성경에서는 약속이 먼저 주어진 후, 법칙이 주어졌습니다. 법칙은 우리가 순례자로서 시련의 용광로를 걷고 있는 동안 가해지는 충격들을 완충시킬 목적으로, 하느님으로부터 주어졌다고합니다. 우리에게는 법칙이 있지만, 우리 세상에서는 가장 지혜롭다고 여겨지는 사람조차도 이것을 알지 못합니다.

1949년 저는 밀워키에서 성경에 대한 시리즈 강의를 진행하고 있었습니다. 앨리스 챌머사에서 화학 파트를 담당하던 분이제 강의에 참석했습니다. 어느 날 저녁 그는 이렇게 말했습니다.

"네빌, 전 화학자로서 제가 배운 것과 당신이 강의하는 것은너무 모순되기 때문에 당신 의견에 동의할 수가 없네요. 당신은시간 속에서 앞으로 갈 수도 있고 뒤로도 갈 수 있으며 모든 것이 지금 이 순간에 존재한다고 말하죠. 게다가 이것들을 바꿀 수 있다고 말하는데, 제가 배웠던 것과는 너무 충돌되네요.

"엔트로피라고 알려진 법칙에 대해서는 잘 알 겁니다. 엔트로피는 과거가 고정되고 불변하다는 것을 뜻합니다. 과거가 변할 수 있다면 제 연구실의 모든 것은 엉망진창이 되고 말죠. 과거가 변할 수 없다는 것은 불변의 진리입니다. 여자아이의 땋아진 머리처럼 그것들은 고정되죠. 나머지 땋아지지 않은 부분만이 미래입니다. 땋은 부분은 완전히 고정되고 불변하기에 이곳부터 나머지가 어떻게 전개되어 나갈지를 보면서 기다리고 있는 겁니다. 그런데 당신은 그렇지가 않다고 하네요. 이 세상 전부가 지금 과거, 현재, 미래에 존재한다고 말하죠. 그렇다면 전 당신 뜻에 동의할 수가 없네요."

좋습니다. 저는 화학자가 아닙니다. 전 과학자가 아니기에 이 점에 대해서는 논쟁할 수 없습니다. 저는 그저 저의 비전에 관해 알고 있을 뿐이며, 경험한 대로 이 비전을 가르치고 있을 뿐입니다. 저는 이 장소들에 들어갈 수 있고, 과거는 사라져버려서 없어진 것이 아닙니다. 전 미래로 들어가서 준비시키면 전 제가 들어갔던 상태가 있는 지점까지 사건의 다리를 만들어 건널 수 있다는 것을 압니다. 그러면 이것은 제가 사실로 받아들였던 색깔, 분위기, 현실을 띠게 됩니다.

11월에 그는 10월 15일자 과학 뉴스 레터를 제게 보내왔습니다. 그곳에는 코넬대학 물리학부 교수인 리차드 파인만이 쓴 양전자에 대한 기사가 실려 있었습니다. (그는 20년 후 이 논문으로 인해 노벨 물리학상을 받았습니다.)

"양전자는 반전자(反電子)이다. 그건 모든 면에서 반대라는 의미이다. 시간의 흐름 속에서도 뒤로 움직인다. 양전자는 그것이 가보지 못했던 곳으로 움직이고, 잠깐 전에 있었던 곳으로 달려간다. 도착했을 때는 너무 세게 튕겨 나와 그것의 시간 감각이 뒤바뀐다. 그리고는 가지 않았던 곳으로 다시 움직인다."

이건 제 말이 아니라, 파인만 교수의 말입니다. 그리고 그는 작년에 이것으로 노벨상을 수상했습니다. 파인만 교수는 말했습니다. "양전자는 뒤쪽을 향할 뿐만 아니라, 전하도 뒤쪽을 향한다. 이것은 양전자이며, 음이 아닌 양이다. 그런데도 전하를 띠고 있다."

처음으로 이것이 이론으로 나왔을 때 사람들은 받아들이고 싶지 않았습니다. 하지만 이것은 아인슈타인의 이론과도 수학적으로 맞아 떨어졌습니다. 그래서 그들도 받아들일 수밖에 없었습니다. 하지만 그 누구도 이것을 직접 사진으로 찍지는 못하다가 한 사람이 우주선(cosmic ray) 연구를 하던 중 양전자를 찍었습니다. 이것은 마치 두개가 하나의 점에서 전개되는 것처럼 보이지만 실은 그렇지 않습니다. 돌아오는 것은 양전자이며 튕긴 다면 방향을 바꿔서 바뀐 경로를 계속 가게 됩니다. 반면에 이것이 너무 세게 튕긴다면 반대방향으로 바뀌어 전혀 가지 않았던 곳으로 나아가게 됩니다.

전 예전에 제 강의에 참석했던 그분에게 제가 집에 앉아서 시간의 구역으로 들어갈 수 있다고 했습니다. 예를 들어 지금이 4월이라고 해보겠습니다. 전 저 자신을 12월에 놓고는 크리스마스 분위기로 장식된 상점들을 봅니다. 귓가에는 크리스마스 음악인 캐롤이 들려옵니다. 전 뉴욕시의 삭스 피브스 에비뉴(Saks Fifth Avenue)를 걸으며 크리스마스라면 경험했을 분위기를 느낍니다. 지금을 크리스마스로 느끼면 모든 것이 제가 바라던 모습으로 느껴집니다.

그런 후 눈을 떠서 다시 돌아왔을 때 전 놀라고 맙니다. 제가 돌아와 눈을 뜬 곳이 4월이란 것을 알았을 때 전 자신을 속인 것이 아닌가 생각했기 때문입니다. 그런데 전 자신을 속인 것이 아닙니다. 왜냐하면 정상적으로 시간이 흘러, 며칠이 지나고, 몇 달이 지나 12월이 되었을 때 제가 예전에 시간을 거슬러 올라 일어날 거라고 미리 정해놨던 그대로 일들은 이루어지기 때문입니다.

이걸 이런 식으로 보십시오. 세상 전부는 무한한 상태들이고,

당신은 불멸의 존재입니다. 당신이 이 중 하나의 상태에 들어가게 되면 당신이 들어간 상태는 생명을 얻어 살아납니다. 그렇기에 당신이 부지불식간에 어떤 끔찍한 상태에 들어갔더라도 책임이 없습니다. 사람들은 당신이 하나의 상태에 들어갔다는 것을 모르기에 당신을 비난할 뿐입니다. 단지 당신이 들어간 상태가 그것이 지니고 있는 것들을 외부로 나타낸 것뿐입니다.

당신이 가난의 상태에 들어갔다면 가난을 경험해야만 합니다. 그곳에 계속 있다면 마지막 한 방울까지 가난이란 경험을 마시게 될 겁니다. 당신이 들어가는 상태가 어디이든 그곳에 머문다면 계속해서 마지막 한 방울까지 그것들을 마시게 될 겁니다.

하지만 중요한 것은 당신이 머물러 있던 상태에서 언제든 나갈 수 있다는 사실입니다. 당신은 지금 경험하고 있는 것이 그저 하나의 상태일 뿐이란 것을 안다면 그곳에 더 이상 머물 이유가 없습니다. 만일 그것이 단지 하나의 상태인 것을 모른다면 당신은 그 상태를 자신으로 여겨서 당신이 그것이라고 생각하게 됩니다. 우리 인간은 이 작은 몸뚱이를 나 자신으로 여기면서 살고 있습니다. 그런데 이 몸뚱이란 옷은 다 닳아서 결국 벗을 날이 오게 됩니다. 이렇게 육신을 벗어던졌을 때 나를 알던 친구들은 내가 죽었다고 생각합니다. 하지만 죽은 게 아닙니다. 우리는 죽을 수 없습니다. 우리는 살과 피란 의복을 입은 불멸의 존재이기 때문입니다. 나는 "부활이자 생명이다."라는 말처럼, 그 불멸의 존재는 하나의 상태에 들어가 그곳에 머물면서 그 상태에 생명을 불어넣어 부활시킵니다.

당신은 당신이 원하기만 한다면 상대방의 동의 여부와는 관계없이 상대방을 다른 상태로 옮겨 놓을 수 있습니다. 사도행전의 이야기를 보겠습니다. 자신의 다리로 걸을 수 없는 한 남자가 사원의 문 앞에서 구걸을 하고 있었습니다. 베드로가 말했습니다. "그대에게 줄 금과 은이 내게는 없으나 내게 있는 것으로 나는 그대에게 주니, 일어나 걸으라." 그러자 그가 일어나 걸었습니다.

이건 한 불구자가 일어나 걷게 된 이야기가 아닙니다. 불구의 상태에서 이렇게 바로 일어나 걷지는 못할 겁니다. 하지만 자립하지 못하고 있는 친구를 당신이 나타내고자 하는 모습으로 떠올려볼 수는 있습니다. 이것이 바로 "모든 것이 상태이다."라는 말을 통해 나타내고자 하는 의미입니다. 그를 하나의 상태에서 꺼내서 다른 곳으로 넣으십시오. 당신은 불멸의 존재입니다. 당신이 어떤 다른 상태에 빠질 때에만 당신은 변화됩니다. 그러면 당신이 예전의 상태에 있을 때 당신을 잘 알던 사람들은 도대체 당신에게 무슨 일이 일어났는지 의아해합니다. 하지만 하나의 상태를 차지하고 있던 불멸의 존재인 당신은 조금도 변하지 않

있습니다.

그렇기에 하느님은 모든 이들을 용서합니다. 하느님은 사람들이 상태에 있을 뿐이란 것을 알기에 모든 이들을 다시 의롭게 (올바르게) 만듭니다. 주가 이 모든 상태들을 창조했습니다. 이것은 블레이크가 했던 다음 말의 뜻입니다. "난 정의로운 자나 사악한 자나 궁극적인 상태 안에 있다고 생각하지 않고, 그들 모두가 '영혼이 뱀을 따라 천상을 떠났을 때 선악의 치명적인 꿈속에 빠지게 만들었던 잠의 상태'에 있다고 생각한다."

인간은 결백한 천상 상태를 떠나 창조를 경험하기 위해 경험의 세계이자 어둠의 학교인 이 세계로 들어왔습니다. 우리는 이 육신의 옷들을 생산하고 증식시키고 있습니다. 이 드라마는 순진무구한 결백의 상태에서 시작해, 경험을 통해 상상력의 깨어남으로 이어집니다. 이 상상력이 완전히 깨어나면 상상력은 예수라는 신성한 몸이 됩니다. 바로 이것이 하느님입니다.

우리는 여러 상태들을 거쳐가는 순례자입니다. 그러니 하나의 상태에서 다른 상태로 이동하는 방법을 완전히 통달하십시오. 당신은 어떤 상태가 아닙니다. 그랬던 적도, 앞으로 그렇게 될 리도 없습니다. 만일 당신이 누군가를 비난하고자 한다면 그 상태를 비난하십시오. 그런데 다시 생각해보면, 굳이 상태를 비난할 이유가 있을까요? 그저 그 상태에 빠져 있는 사람을 다른 상태로 옮기면 그만인데 말이죠. 당신 자신을 한 상태에서 다른 상태로 옮기십시오. 사람들은 이것이 불가능하다고 말할지도 모릅니다. 그들의 이야기는 신경 쓰지 말고, 당신은 당신의 아버지 일에만 집중하면 됩니다. 그것은 하나의 상태에서 당신이 원하는 다른 상태로 옮기는 일을 말합니다.

이것의 시작은 욕망입니다. 다시 말해 당신이 진짜 바라는 것입니다. 무한한 이 모든 상태들은 그저 인간의 욕망을 달래주기 위한 것입니다. 당신은 당신이 선하다고 생각한 그런 모습이 되기를 원합니까? 풍요롭게 되기를 원합니까? 이런 것들 모두는 상태들입니다. 당신이 그 자격을 갖추기 전에 먼저 그 상태에 들어가 머무십시오. 그 상태는 그것이 물질로 나타나는 데에 필요한 모든 것을 지니고 있습니다. 당신은 그곳을 차지하는 자이며, 당신은 그곳에 들어가 그곳에 거해야만 합니다. 나는 그 안에 들어가, 그 안에 머물러 보겠습니다. 내가 양전자처럼 돌아왔을 때, 완전히 탈바꿈됩니다. 나는 그저 방향만 조금 바꾼 채 가던 것과 비슷한 곳으로 가는 것이 아닙니다. 이 상태는 너무나 진짜 같았기에 눈을 떠서 내가 다시 돌아와 있는 것을 봤을 때 난 놀라게 되고, 이 충격은 나의 방향을 완전히 뒤바꿔 놓습니다. 이제 난 더 이상 양전자가 아닌 전자로서 앞으로 나아가게 됩니다. 그런 후 사건의 다리를 건너게 됩니다. 이것들은 세상사람들이 현실이라 부르는 결실로 인도해 줄 사건의 다리들입니다. 하지만 기억해야 할 것은, 내가 상상 속에서 하나의 상태에 들어갔을 때에도 그것 역시 현실이었다는 사실입니다.

우리는 이 몸 안에 존재합니다. 우리는 우리의 상상력 안에서 살고 있습니다. 상상력이 바로 하느님이고, 이것이 예수라는 신성한 몸(divine body)입니다.

전 집에서 거실에 앉은 채로 제가 전화기 앞에 있다고 상상해보곤 합니다. 전화기가 있는 복도에서는 의자가 있는 곳을 볼 수 없지만 그래도 전 그곳에 있다고 받아들입니다. 물리적으로는 제 몸을 볼 수 없습니다. 그러다가 제가 갑자기 다시 의자에 돌아와 있는 것을 느낄 때 전 충격을 받습니다. 그리고는 의자에 앉은 채로 이번에는 집 바깥에 저를 두고는 제가 바깥에서 건물을 보고 있는 것을 사실로 받아들입니다. 그러다 보면 어느 순간 전 바깥에 있게 되고, 그곳에서부터 건물을 보게 됩니다.

여러분의 집에서 해보세요. 집 안의 어떤 것이라도 해보세요. 그러면 당신은 이동하는 상태에 익숙해지게 됩니다. 다른 말로 하자면, 자유롭게 이동할 수 있게 됩니다. 그러면 당신은 어떤 상태라도 쉽게 들어가서 머물 수 있게 됩니다. 왜냐하면 그것들은 그야말로 상태들일 뿐이기 때문입니다.

어떤 사람이 자신을 매우 중요한 사람이라고 생각한다면, 이건 그저 상태일 뿐이란 것을 기억하세요. 이 상태는 정말 그에게 는 중요한 겁니다. 어떤 상태이든 그곳에 누군가 들어간다면 이 상태는 그것이 내포하고 있는 것을 반드시 펼쳐내야만 합니다. 제가 만일 히틀러의 상태에 들어갔다면 히틀러가 했던 일을 똑같이 저지르게 될 겁니다. 왜냐하면 이건 하나의 상태이고, 내가 의식적이든 무의식적이든 그곳에 들어가게 된다면 히틀러의 역할을 반드시 해야만 하기 때문입니다.

정의로운 자이든 사악한 자이든 어떤 절대적인 상태에 있다고 생각하지 마십시오. 이들 모두는, 영혼이 창조의 뱀을 따라 천상을 떠났을 때 들어갔던 잠의 상태 안에 있을 뿐입니다.

이것들 모두가 단지 상태들이라는 것을 알기만 한다면 당신은 원하고자 하는 모습이 될 수 있습니다. 그러다 보면 결국 당신은 마지막 순간에 완전히 죄가 사해져 의롭게 될 것입니다. 무죄가 됩니다. 영적인 죄사함입니다. 그러니, 누군가가 당신에게 와서 당신이 이런 저런 일을 하지 않는다면 왕국에 들어가지 못할 거라고 겁을 주더라도 무시하십시오. 왕국은 당신이 대가를 지불해서 차지하는 것이 아닙니다. 왕국을 당신에게 주는 것은 아버지의 기쁨입니다.

왕국은 당신이 지불해야 할 것이 없는 선물입니다. 당신이 어떤 착한 일을 했다고 주는 보상이 아닙니다. 만일 당신이 생각하기에 당신이 좋은 일이 있다고 해도, 이건 단지 하나의 상태일 뿐입니다. 저는 개인적으로 제 세상 안의 좋은 상태들 안에 들어가 사는 것이 더 쉽다는 것을 알았습니다. 다른 사람에게 불친절하기보다는 친절하는 것이 더 쉽다는 것을 알았습니다. 제가 타인에게 상처 주는 말을 했을 때 그 사람이 받는 상처보다 제가 받는 상처가 더 크게 느껴졌습니다. 그래서 전 차라리 친절한 상태에 있고자 하는 것뿐입니다. 언젠가 결국 당신은 선물을 지닌 채 완벽하게 깨어나게 될 것입니다. 이 선물은 하느님 그분입니다. 세상에는 하느님 외에는 어떤 것도 없습니다.

어떤 분이 저를 찾아와 악마에 대해 물어봤습니다. 크리스천 사이언스에서 치유하는 분이 그녀를 보고 악마에 씌었다고 했답니다. 그들은 악마에 대해 가르칩니다. 악마가 이런 일, 저런 일을 했다는 식으로 말합니다. 전 이렇게 말했습니다. "그건 가장 우선 순위이자 가장 위대한 계명인, '들어라, 오 이스라엘아, 주, 나의 하느님은 오직 한 분이더라.'는 위대한 신앙고백과 멀어지게 하는 내용입니다." 이 계명과 멀어지게 되는 순간 악마를 가지게 됩니다. 한 분이 아닌, 또 다른 하느님을 만들게 되고, 또 다른 창조자를 만들게 되고, 또 다른 무언가를 만들게 됩니다. 이렇게 둘이 되면 넷이 되고, 여덟이 되고, 열 여섯이 되고, 서른 둘이 되고 이런 식으로 계속 많아집니다. 언제나 근원적인 상태로 계속 돌아와야만 합니다. 오직 한 분의 하느님이 있고, 하느님은 우리의 경이로운 상상력입니다. 우리가 "나는(I AM)"이라고 말할 때, 이것이 바로 하느님입니다. 다른 하느님이란 없고, 영원히 이 외의 다른 하느님은 없을 것입니다. 하느님은 우리 안에서 자신을 펼쳐낼 것이고, 그분이 깨어났을 때 우리는 하느님이 됩니다.

그때 당신은 천상의 옷을 입게 될 것입니다. 당신이 그 옷을 입고 있을 때면 더 이상 이 땅 위에 서 있지 않을 것이라고 밖에 말할 수 없습니다. 전 그것을 '공기와 불'로 표현할 수밖에 없습니다. 불완전한 인류들 사이를 지날 때면 그들을 바꾸기 위해 손가락 하나 들어올릴 필요조차 없습니다. 그들이 언제나 계속 이런 모습으로 지내지는 않을 것이기에 당신은 그들의 모습에 슬픔을 느끼지 않습니다. 그 사람들 옆을 지날 때면 그들은 한 명도 남기지 않고 모두 완벽해집니다. 그들이 무슨 일로 눈을 잃고, 팔을 잃고, 다리를 잃고, 혀를 잃었는지 모르지만 당신이 곁에 있으면 더 이상 불완전한 모습으로 있지 않습니다. 이것이 왕국입니다.

당신에게 이 왕국을 주는 것이 아버지의 큰 기쁨입니다. 당신에게 주어질 이 선물에 당신의 마음을 온전히 내려놓으십시오. 그러고 나면 당신은 세상에서 겪는 잠시의 아픔을 잘 견딜 수 있게 됩니다. 우리는 다양한 상태들을 지나가고 있는데, 우리가 항상 이런 모든 상태들에 주의하는 것은 아니기에 가끔은 고통스러운 상태에 들어갈 때도 있습니다. 신문을 읽거나 TV를 보면서 부정적인 상태에 빠지기도 합니다. 친구와 사소한 대화를 나누며 하나의 상태에 빠질 때도 있습니다. 하지만 이 상태가 어떤 것인지는 문제되지 않습니다. 단지 당신이 어떤 상태에 들어가게 되면 이 상태는 생기를 얻어 살아 있게 됩니다. 당신이 바로 부활하고 살아있게 만드는 권능이며, 이 권능은 당신의 경이로운 상상력입니다.

마음을 편안하게 가지십시오. 세상이 말하는 선한 것을 당신이 함으로써, 그러니까 예배에 참석하고 어떤 절기들을 지키고, 이런 것들을 통해 당신을 지켜보고 있는 어떤 존재가 당신을 천국의 명부에 올려줄 거라는 생각은 하지 마십시오. 그런 일은 없습니다. 당신은 그저 하느님이 그분 자신을 펼쳐내는 시간을 기다리면 될 뿐입니다. 예수 그리스도가 당신 안에 나타나게 됐을 때, 당신에게 다가올 영광의 시간에 당신의 모든 희망을 두십시오. 그것은 주이며 그분의 그리스도이며, 그리스도는 하느님의 아들입니다.

"성령을 제외하고는 그 누구도 예수님이 주라고 말할 수 없더라." 여기서 성령은 기억을 회생시키는 자입니다. 아들이 나타나기 전까지는 그 누구도 기억을 회생시킬 수 없습니다. 아들이 나타날 때 기억은 돌아옵니다. 그러고 나면 당신은 주가 누구인지 알게 됩니다. 그 후 이 보잘것없는 육신의 옷을 몇 년 더 입다가 벗게 될 것입니다. 그러면 당신은 더 이상 이 세상에 존재하지 않습니다. 당신은 완벽해졌기 때문에 지금 이곳과는 완전히 다른, 모든 것이 완벽한 세계에 있게 될 것입니다.

위에서 이미 태어난 자가 자신을 나타내고자 선택하기 전까지는 우리는 그를 만날 수 없습니다. 당신이 그를 찾아나서는 것은 소용없습니다. 왜냐하면 당신이 위에서 태어나지 않는다면 왕국에 들어갈 수 없고, 왕국이 주어진 사람은 예외적으로 잠시 이 땅에 머물면서 이론이 아닌 자신의 경험을 사람들에게 말해줄 때를 제외하고는 이 세상에 더 이상 머무르지 않기 때문입니다.

저는 제가 일어났던 일을 있는 그대로 여러분에게 전해주고 있습니다. 여러분 모두에게 이 일은 일어날 것입니다. 누군가가 당신에게 와서, 당신이 왕국을 얻기 위해서는 지금보다 더 나아져야 한다는 식으로 말해서 걱정하게 만든다면 무시하십시오. 왕국은 당신의 선물입니다.

로마서 11장의 이야기에 귀를 기울이십시오. "하느님의 선물과 부름은 바뀔 수 없다." 그 누구도 이것을 없앨 수 없습니다.

당신이 물려받을 것은 하느님만이 아닙니다. 로마서 4장에서는 "그대는 세상을 물려받았다."고 말합니다. 당신이 물려받게 되는 것은 이 세상의 어떤 작은 땅덩어리 일부가 아닙니다. 당신은 하느님을 상속받는 것이고, 하느님이 소유하고 있는 것은 세상 전부입니다. 따라서 이 세상 역시 당신이 상속받게 될 것입니다.

시편 16장에서 다윗은 "내가 받을 상속분은 주이다."라고 말합니다. 아들은 아버지를 상속받습니다. 그래서 인간은 자신의 아버지가 될 때 다 자라게 된 것입니다. 이것이 성서의 가장 큰 신비입니다. 당신은 아버지를 상속받게 될 것입니다. 이것이 아버지의 뜻입니다. 그 누구도 이 뜻을 거스를 수 없습니다. "그대에게 왕국을 주는 것은 네 아버지의 큰 기쁨이더라."

종종 어떤 사람들은 이것이 저것보다 얼마나 더 좋은지 자랑합니다. 그런 소리를 듣더라도 전혀 신경 쓰지 마십시오. 그들은 상태들을 판단하고 있는 것입니다. 어떤 사람은 다른 사람들보다 더 부자의 상태에 들어가 있기 때문에 남보다 잘 살지도 모릅니다. 하지만 부자의 상태에 머물고 있는 존재나 가난의 상태에 머물고 있는 존재나 다르지 않습니다. 지금 감옥에 갇힌 상태에 머물고 있는 존재나 그런 판결을 내렸던 상태에 머물고 있는 존재나 다르지 않습니다. 하느님의 눈으로 볼 때 모든 것은 죄가 사해졌기 때문에 누가 누구보다 더 나은 상태에 있는 것이 아닙니다. 이것이 의로움(올바르게 바로 잡아짐)입니다.

　"우리는 그분의 은총으로 의롭게 된다."라고 합니다. 모든 것들은 하느님의 은총으로 올바르게 될 것입니다. 은총은 일해서 얻는 것도, 수고해서 얻는 것도 아닌, 하느님이 주는 선물입니다. 이 은총은 하느님의 마지막이자 최종적인 선물이며, 살아 움직이는 사랑입니다. 그리고 하느님이 사랑 자체입니다. 이것은 하느님 자신이라는 선물입니다. 하느님은 당신에게 하느님 자신을 줍니다. 그러면 이 광대한 세상 전부는 당신의 것이 됩니다. 그래서 우리는 이 땅을 물려받게 됩니다.

　전 여러분이 직접 해보셨으면 합니다. 해보는 데에 돈도 들지 않을 뿐더러 결과는 놀라울 것입니다. 당신 자신을 풍요의 상태에 놓으십시오. 이렇게 하는 데에 어떤 어려움이 있나요? 물론 당신이 다른 상태에 들어가기 위해서는 지금의 상태에서 나가야만 합니다. 저도 한 때는 정장 사는 데에 지불할 수 있는 돈이 고작 12달러가 전부였던 시절이 있었습니다. 전 그 상태에서 빠져나와 다르게 생각했습니다. 지금은 정장 값으로 12달러를 준비해야만 했던 그때와는 다르게 쉽게 250달러를 지불합니다. 그 당시에 저는 만약 비라도 온다면 뛰거나 옷을 벗어 두어야만 했던 상태에 있었습니다.

　이것이 인생입니다. 전 그저 한 상태에서 다른 상태로 옮겨왔을 뿐입니다. 하나의 상태에서는 할 수 없었던 일들이, 다른 상태에서는 너무도 쉽게 할 수 있다는 것을 알았습니다.

꽤 긴 시간동안 전 고기, 물고기, 조류, 술과 같은 것을 먹지 않았으며 담배나 성행위도 하지 않는 상태에 있었습니다. 전혀 하지 않았습니다. 그런데 압둘라는 제게 이렇게 말했습니다. "자네가 바베이도스에서 돌아올 때는 자네는 이미 죽음을 경험했을 거네." 전 말했습니다. "제가 죽을 거라고요?" "아니, 자네가 죽을 거라고 말한 것이 아니라, 자네가 죽음을 경험했을 거라고 말한 거네. 7년 동안 자네가 하지 못했던 일들을 뉴욕에 돌아오기 전에 하고 있을 거야."

그의 말이 옳았습니다. 어떻게 이 일이 일어났는지는 말하지 못합니다. 그냥 일어났습니다. 전 3개월 동안 바베이도스에서 어머니의 집에 머물면서 뉴욕에서 했던 것처럼 살았습니다. 그러다가 북쪽으로 여행을 하는 10일 동안 저는 7년 동안 하지 않았던 것들을 모두 했습니다. 어떻게 이런 일이 일어났는지는 말하지 못합니다. 전 하나의 상태에서 다른 상태로 옮겨갔고, 이 과정은 평범하면서도 자연스럽게 일어났습니다.

이것들은 단지 상태들, 단지 의식의 상태들일 뿐입니다. 만일 당신이 이 사실을 깨닫는다면 상대방이 어떤 모습인지, 어떤 사람이 되기로 했는지, 어떤 일을 저질렀던 사람인지 관계없이 용서할 수 있게 됩니다. 왜냐하면 결국 그 사람들은 모두 옳게 바로잡힐 것이기 때문입니다. 그들은 하느님의 은총으로 올바르게 됩니다. 사람들 모두 하느님의 은총으로 옳게 됩니다. 신성한 죄사함을 받는 것입니다. 하느님이 그의 죄를 사해주는데, 과연 누가 그를 유죄라고 할 수 있겠습니까? 이런 올바르게 만드는 과정 후에는 영광스럽게 되는 과정이 옵니다.

"그분이 알았던 사람들…"이라고 말합니다. "그분은 세상이 세워지기도 전에 그분 안에서 우리를 선택했다."라는 말처럼 우리를 이미 알고 있었습니다. 세상이 세워지기 전에 그분이 그분 안에서 나를 선택했다면 그분은 나를 알았다는 이야기가 됩니다. 그리고 이렇게 말합니다. "그분이 알았던 자들을 그분은 운명 지었더라." 하느님은 그들이 하느님 아들의 모습과 같이 되는 운명을 미리 정해놨습니다. 아들의 모습은 하느님의 영광을 나타내면서 비추며, 또한 하느님 그분의 모습과 같습니다.

그분은 그분이 운명을 정했던 자들을 부릅니다. "저 멀리로부터 나의 아들들을 부르고, 땅 끝으로부터 나의 딸들을 불러라." 우리는 유일무이한 귀한 존재이기 때문에 하느님은 여러 명을 함께 부르지 않고 우리를 한 명, 한 명, 한 명씩 부릅니다. "그분이 불렀던 자들을, 그분은 또한 옳게(의롭게) 만들더라. 그분이 옳게 만든 자들을, 그분은 또한 영광되게 만들더라." 당신은 하느님과 함께, 하느님으로서 영광되게 될 운명입니다.

매주 일요일마다 교회 연단에 서 있는 사람들은 청중들에게 두려움을 심어줍니다. 그리고 자신들처럼 돼야만 한다고 자신들을 기준으로 내세웁니다. 다른 말로 하자면 "나를 봐, 그리고 나를 따라와!"라고 말합니다.

일전에 신문에서 전국적으로 아주 유명한 전도사 아들의 사진이 실린 것을 봤습니다. 그는 자신이 아내와 자식들과 하느님에게 죄를 지었다고 고백했습니다. 계속 읽어보니, 이 남자는 1년에 십일조로 약 3천만 달러를 거둬들였습니다. 그는 사람들이 자신에게 돈을 보내오면 어떻게 하느님에게 봉사를 하고 있는지 말해줍니다. 그의 아버지는 80세지만 여전히 1년에 세금을 떼지 않는 3천만 달러를 관리하고 있습니다. 저는 그가 무슨 말을 하고 있는지 궁금했습니다. 이런 큰 돈은 매우 커다란 비즈니스이기 때문에 이런 것과 얽혀 있을 때는 마음에 영성과 같은 것이 들어갈 자리가 없습니다. 성경이라는 가장 위대한 책을 가지고도, 이 세상에서 일어난 일로 해석해서 엉망으로 만들어버릴 수도 있습니다. 성경은 전혀 그런 내용이 아닙니다.

성경은 전적으로 영성에 관한 내용입니다. 구원에 대한 하느님의 계획이지, 세상에서 일어난 일이 아닙니다. 목회자들은 당신에게 미국, 러시아, 중국의 미래에 관해 말합니다. 성서에는 그런 내용이 있지 않습니다.

미국의 헌법을 세운 분들의 말씀을 가슴에 새기십시오. "우리의 헌법을 세운 분들은 미래의 일로 믿지 않았고, 그것을 현재로 믿었습니다." 그들은 자신들이 원하는 정부의 이상적인 형태를 알고 있었으며 이것을 현재의 사실로 믿었습니다. 후버 대통령은 샌프란시스코에서 연설했습니다. 연세가 지긋하면서도 명예롭고 훌륭한 사람인 그는 이렇게 공화당 정당연설을 했습니다. "다양한 정부 형태를 경험하고, 혁명들과 전쟁들을 치룬 우리의 정부들, 사실상 이 국가들의 흥망성쇠는 사람들의 마음에 심어진 생각들의 흥망성쇠의 관점에서 기술될 수 있을 것입니다."

우리는 국가들의 흥망성쇠를 예언할 수 없습니다. 우리의 의식 상태들의 변화를 통해 당신과 제가 정부들을 만들고 있기 때문입니다. 정부가 바뀌길 원합니까? 자신을 바꾸십시오.

이것을 직접 시험해보는 방법에 대해 말해보겠습니다. 원하는 상태에 자신을 두십시오. 우리가 새 옷을 입으면 그게 자연스러워질 때까지 시간이 걸립니다. 이것처럼 당신은 그 새로운 상태가 자연스럽게 느껴질 때까지 그 상태에 머무십시오. 옷가게에 가서 새 옷을 구입하고 5번가를 걷게 되었을 때, 사람들이 알아채지는 못하지만 당신은 사람들이 마치 새 옷을 쳐다보는 것 같은 느낌을 받습니다. 그러다가 1-2주가 지나면 사람들의 시선을 더 이상 의식하지 않게 됩니다. 이와 같은 일이 새로운 상태에 들어갈 때에도 일어납니다. 새로운 상태에 들어가십시오. 그러면 당신은 자신을 어색하게 느껴 다른 사람들도 그렇게 어색하게 생각할 거라 느낍니다. 하지만 그들은 그렇게 생각하지 않습니다. 옳게 바로잡힌(의로운) 상태가 자연스러워질 때까지 계속 두르고 있으십시오. 이것이 자연스럽게 되는 순간 그 상태의 결실을 보게 될 것입니다. "세상의 시공간 전부는 이미 놓여 있다. 우리는 단지 그것의 증가하는 부분만을 연속적으로 인식하는 것뿐이다."

과거에는
다른 이들이 바뀔 필요가 있다고 믿으면서
그 사람들을 변화시키는 데에 공을 들였습니다.
그들이 이렇게 변화된다면
세상이 조금 더 나아질 거라고 생각했습니다.
그러다가 내가 그들 안에 있고,
그들도 또한 내 안에 있고, 우리가 하나이기에,
이제는 깨어나서 나 자신을 신성하게 만들고
그렇게 함으로써 그들을 신성하게 변화시킵니다.
변화시켜야 할 사람은 오직 자신뿐입니다.

[리액트] 중에서

Duality Of Man
외부 인간, 내면 인간

이 세상의 모든 이들을 용서하는 것을 배우세요.

그들은 모두 자신의 역할을 다 하고 있을 뿐입니다.

제 눈에는 도둑들이, 그리고 다른 다양한 사람들이

모두 자신이 맡은 역할을 연기하고 있는 게 보입니다.

그들은 제 바람이 이루어지는 도구입니다.

그런데 어떻게 제가 그들을 비난할 수 있을까요?

우리가 할 일이란, 원인세계에 대한 우리의 관념을 확장해서 모든 것을 포용하고 모두를 용서하는 것입니다.

창세기 25장을 보겠습니다. "네 태중에 두 민족이 있고, 태어날 때부터 서로 다투리라. 하나는 다른 하나를 다스릴 것이고, 어린 자는 나이든 자를 지배하리라."

첫째는 감각의 인간입니다. 저는 이 방과 방 안의 모든 것들을 보고 있습니다. 이것이 감각 인간입니다. 형체가 있는 대상을 인지하는 것을, 전 인지 감각이라고 부릅니다. 그리고 현재 존재하지 않는 것을 인지하는 것을, 상상력이라고 부릅니다. 성경에서는 이 상상력을 두고, 군림하게 될 운명을 지닌 둘째라고 말합니다. 두번째 인간이며, 하늘나라에서 온 주입니다.

첫 번째 인간은 지상의 인간이며, 먼지로 지어진 인간입니다. 두 번째 인간은 하늘나라에서 온 자입니다. 이 세상에서는 어머니의 뱃속에서 태어난 모든 아이들 안에 이중적 상태가 있습니다. 우리는 먼지로 지어진 인간인 육체적 인간과 동시에 상상력의 인간인 영적인 인간, 즉 불멸하는 인간을 지니고 있습니다.

이런 이중성을 지닌 인간에 대한 그림을 지니면서 모든 것이 어떻게 보이지 않는 인간에 의해서 창조되는지를 이해해보십시오 그러면 육체적 인간이 그저 상태일 뿐이란 것을 알기 때문에 육체적 인간의 행동 모두를 용서하게 됩니다. 하나의 근원 존재가 이 상태들의 역할 모두를 하고 있는 중입니다. 도둑이라는 역할을 하고 있는 자와 도둑에게 판결을 내렸던 자는 같은 존재입니다. 살인자와 피해자는 단지 역할일 뿐이며, 그것 안의 존재는 하나입니다.

짧은 이야기 하나를 통해 이것을 설명해보겠습니다. 제가 뉴욕에 살 때 제 형제들인 빅터와 로렌스가 2주 동안 여행을 왔습니다. 둘은 뉴욕에 머무는 동안 자신들이 볼 수 있는 것은 다 보려고 했습니다. 그래서 전 둘을 데리고 무려 14개의 공연을 보러 갔습니다. 로렌스 형이 특히나 보고 싶어했던 공연이 신문에서는 매진이라고 했습니다. 전 호텔을 떠나기 전, 둘에게 티켓을 주는 상상을 했습니다. 우리가 메트로폴리탄에 도착했을 때 광고판에는 그 공연이 '매진' '잔여좌석 없음'이라고 나와 있었습니다. 전 세 개의 줄 중에 첫째 줄에 서 있었는데 매우 길었습니다. 기다리다, 세번째 줄이 첫번째나 두번째보다 더 빨리 줄어드는 것처럼 보여 그리로 옮겼습니다.

제가 매표구에 도착했을 때 제 앞의 사람이 다른 오페라 티켓을 구매하고 있는데, 앞 사람과 동행인 키가 1m90cm 정도의 장신의 금발 남자가 제 머리 위로 손을 뻗어 매표소 직원에게 질문을 해서 직원의 주의를 돌렸습니다. 그들은 이미 문 쪽으로 갔고, 그때 매표소 직원이 "아니 이건 3달러잖아."라고 외쳤습니다. 전 뒤돌아 키 큰 금발 남자에게 다가가 "여기요!"라고 불렀습니다. 그가 돌아보자 "이쪽으로 와주세요. 당신을 찾고 있네요."라고 말했습니다. 순한 양처럼 돌아온 그는 잠깐의 대화를 나눈 후에 돈을 꺼내더니 티켓 값을 지불했습니다. 그리고 제 차례가 됐을 때 "오늘 밤 공연, 중앙 가운데 자리로 2장 부탁합니다."라고 말했습니다. 그러자 직원은 "네, 선생님."이라고 하면서 제게 VIP 예비표(직원들은 중요한 사람들을 위해 일정한 수의 예비표를 항상 준비해두고 있다)를 주었습니다. 물론 전 VIP는 아니었지만 20달러의 손실을 막아준 사람이었으니까요.

자, 이것은 도둑이라 불리는 상태입니다. 이 두 사람은 자신들의 세상에서 도둑이 되는 것을 선택했습니다. 그들은 사기꾼입니다. 맞습니다. "하느님은 모든 것들을 그것의 쓰임에 맞게 만들었으니, 심지어 악인도 고통의 시간 동안 쓰이기 위해 만들었더라." 잠언 16장 4절의 내용입니다. "그분은 모든 것들을 그것의 쓰임을 위해 만들었으니, 악인마저도 고통의 날에 쓰이기 위해 만들었더라."

고통의 날이란 전쟁을 뜻하지 않습니다. 전 공연 티켓을 어떻게 구할 수 있을지에 대해 고민했습니다. 이것이 고통의 순간입니다. 그때 전 호텔을 떠나기 전까지 제가 그것을 가졌다는 것을 가정한 채 상상 속에서 제 역할을 연기했습니다. 그러자 스스로에게 도둑이라는 상태를 이미 주었던 두 명의 사람이 세번째 줄로 오게 됐습니다. 전 첫째 줄에 서 있었지만 세번째 줄로 옮겨야 했습니다. 그리고 그 둘 역시도 세번째 줄로 가서 본인들의 역할을 완벽하게 수행했습니다.

만일 그들이 이런 행동을 하지 않았다면 VIP도 아닌 제가 어떻게 티켓을 구할 수 있었을까요? 그들은 다른 일을 하는 것보다 스스로 사기꾼이 되는 길을 택했습니다. 그들은 이것을 더 쉬운 길로 느꼈기 때문입니다. 소매치기라 불리는 사람들은 존재합니다. 그렇습니다. 이것은 그들의 역할이며 그들은 연기합니다. 이제 당신은 당신의 역할을 멋지게 소화하고, 그들 중 한 명은 당신이 원하는 것을 손에 넣게 되는 것의 도구가 되어줍니다. 그들은 자신들이 맡은 역할을 연기했을 뿐이니, 전 그들을 용서해야 하지 않을까요?

이 세상에는 무한하게 많은 상태들이 존재합니다. 당신이 해야만 하는 일이란, 모든 상태들을 용서하는 것입니다. 당신의 역할을 연기하십시오. 그러면 당신이 소원한 상태가 이루어지게 하는 데에 필요한 상태들이 적당한 시간에 당신 주변에 나타날 것입니다.

"네 태중에 두 민족이 있고, 태어날 때부터 서로 다투리라. 하나는 다른 하나를 다스릴 것이고, 어린 자는 나이든 자를 지배하리라." 어린 자는 두번째 인간이며, 하늘에서 내려온 자입니다. 바로 당신의 경이로운 상상력을 말하며, 하느님입니다. 그 외의 다른 하느님이란 없습니다. 하늘나라에서 온 주입니다. 그를 두르고 있는 외부 인간은 내면 인간의 명령을 수행해야만 합니다. 사람들 모두가 상태들 안으로, 무한한 상태들 안으로 들어가고 있습니다.

이 세상을 이해하려면 다음의 말을 통해 세상을 보아야만 합니다. "그분은 모든 것들을 그것의 쓰임을 위해 만드셨으니, 악인마저도 고통의 날에 쓰이기 위해 만들었더라." 과연 누가 이 일을 하게 될지 신경 쓸 필요가 없습니다. 누가 악인의 역할을 하게 될지 관심두지 마십시오. 전 그 남자와 파트너가 이전에도 이런 소박한 사기를 저질렀는지 알지 못합니다. 그건 그 사람들의 선택이었습니다. 인생의 남은 시간들을 사기꾼으로 계속 살기를 선택한 사람도 있습니다. 만일 그들이 범행현장에서 잡힌다면 그것도 그 게임의 일부입니다. 그들은 자신들이 연기할 역할을 선택했던 겁니다.

어떤 사람들은 얼마 전에 세상을 떠난 후버 FBI 국장처럼 행동하기를 선택합니다. 사람들마다 각자의 역할들을 선택합니다. 우리는 모두 현명하거나 혹은 현명하지 못한 선택으로 일정한 상태들에 빠집니다. 하지만 내면 인간이 깨어나기 시작할 때 우리는 항상 현명하게 우리의 역할을 선택합니다. 전적으로 우리에게 달린 일입니다.

당신이 이 세상에서 원하는 것이 그저 하나의 상태라는 것을 알기만 한다면 원하는 모습이 될 수 있습니다. 어떤 하나의 상태를 차지하고 있는 자와 다른 상태를 차지하고 있는 자는 다르지 않습니다. 사기꾼의 역할을 연기했던 자는 하느님입니다. 하느님은 이런 모든 역할들을 연기하고 있는 중입니다. 우리가 해야만 하는 일은 원인세계에 대한 관념을 넓혀서 이 세상 모든 것과 모든 이들을 용서하는 것입니다. 사기를 쳤던 사람은 제가 원하는 자리를 갖게 해준 도구에 불과했기에 저는 그를 용서했습니다. 만일 그가 그 일을 하지 않았다면 전 티켓을 구하지 못했을 겁니다.

전 호텔방을 떠나기 전에, 형들이 공연 티켓을 구해서 말할 수 없을 정도의 짜릿함을 느끼면서 집에 돌아온다고 받아들였습니다. 하지만 그럴 희망은 보이지 않았습니다. 전 보이는 희망에는 별로 신경 쓰지 않았습니다. 과연 무엇이 저를 세번째 줄에 서도록 만들었을까요? 제 안의 아버지입니다. 그분은 누가 어떤 역할을 할지 알고 있습니다. 왜냐하면 그들은 모두 상태들 안에 있고, 나의 깊은 자아는 세상의 모든 상태들을 완전하게 인식하고 있기 때문입니다. 만일 내 꿈을 이루기 위해 당신이 당신의 역할을 연기해야 한다면 당신은 그렇게 될 것입니다. 도둑이 필요하다면 어디선가 도둑이 나타날 것입니다. 어떤 상황에서는 도둑이 나타나는 것이 정직한 사람이 나타나는 것보다 훨씬 더 역할을 잘 수행해낼 수 있습니다. 만일 그가 정직한 사람으로 나타났다면 매표소 직원은 저에게 "그 공연 티켓은 없습니다. 전광판을 못 보셨나요?" 이렇게 말했을 겁니다. 하지만 도둑은 제가 티켓을 구하는 것을 가능하게 해줬습니다.

당신이 이것을 이해하게 됐을 때 세상의 모든 존재를 용서하게 됩니다. 그들은 모두 자신들의 배역을 연기하고 있는 중입니다. 만일 당신이 이 법칙을 이해한다면 세상 사람 모두가 당신의 꿈을 이루게 해주는 도구가 되어줄 것이기 때문에 그 누구도 비난하지 않을 것입니다. 그것은 모두 무한한 상태들입니다. 하지만 기억하세요. 당신은 두 번째 인간의 참모습을 인식해나가고 있는 중입니다.

이 방의 형체를 가진 것들, 예를 들어 벽에 걸린 것들이나 의자들, 이런 것들에 대한 내 인식들 모두는 나의 감각적 인간에게는 현실입니다. 그러면 난 이제 이런 것들과는 완전히 다른 상상력이라고 불리는 것에 대해 생각해봅니다. 내 감각이 말하고 있는 것들을 대신해서 나는 무엇을 원할까? 이제 그 상태에 들어갑니다. 그리고 그것이 진실인 것처럼 그 안에서 삽니다. 그러면 나는 그 상태안으로 나아가게 될 것입니다.

그저 단순히 하나의 생각에 지나지 않는 것은 아무것도 만들어내지도 못하고 아무 일도 하지 못합니다. 생각은 느껴져야만 합니다. 생각이 우리 안에서 일정한 감각들, 일정한 활동을 일깨워서 현실에 힘을 행사하기 위해서는 느껴져야만 합니다. 이미 사실이라면 어떤 느낌이 들겠습니까? 이 느낌이 당신 안에서 이런 감각들을 일깨울 때까지 그 안에서 사십시오. 상상력은 영적인 감각이기 때문입니다. 그것은 당신 내면에 있는 창조자입니다.

단순히 생각을 품는 게 아닙니다. 생각은 반드시 당신 안에서 감각이라는 느낌을 만들어내야만 합니다. 반드시 느낌이어야만 합니다. 이 일이 현실이 되었다면 어떤 느낌일까요? 이 느낌을 잡아낼 때까지 계속 생각해야 합니다. 처칠이 말했듯, '분위기가 인류의 미래를 결정하는 것이지, 미래가 분위기를 결정하는 것이' 아닙니다. 분위기와 느낌은, 원하는 미래보다 선행됩니다.

이 세상에서 원하는 것이 무엇인가요? 이것에 대해 잘 생각해보십시오. 만일 원하는 것을 가졌다면 어떤 느낌일까요? 만일 원하는 것이 현실이 되었다면 어떤 느낌일까요? 이것이 성서의 내용입니다. 내가 이미 원하는 모습의 남자라고 느낄 수 있고 내가 이미 원하는 모습의 여자라고 느낄 수만 있다면 이 느낌은, '아무것도 창조할 수 없는 느낌 없는 생각'과는 달리 모든 것을 가지고 있습니다. 성서에서는 "내가 너를 만질 수 있게(느낄 수 있게) 이리 가까이 오너라, 아들아!"라고 말하고 있습니다. 핵심은 느낌에 있습니다. 에서는 밖으로 나갔습니다. 에서는 털로 뒤덮인 첫째이자 외부 인간입니다. 야곱은 털이 없는 상상의 인간이자 내면 인간입니다. 이 둘은 실제의 어린 소년들이 아니라 상징일 뿐입니다. 모든 사람 안에 이 둘은 존재합니다. "내가 너를 느낄 수 있게 가까이 오너라, 나의 아들아." 아버지는 그를 만졌고 진짜라고 느꼈습니다. 당신 역시 이 일을 할 수 있습니다.

여러분 손에 장미꽃이 없더라도 장미의 비단결처럼 부드러운 꽃잎을 느낄 수 있습니다. 물질로 존재하지는 않지만 장미의 향도 맡을 수 있습니다. 해보세요. 내면의 인간을 통해 이런 일들을 해보세요. 당신이 이 일을 할 때 실제로 당신은 상상력을 감각과 시각의 상태까지 끌어 올리게 됩니다. 그러면 모든 일은 끝난 겁니다. 당신이 알지 못하는 방법으로 일은 일어나게 될 것이며, 심지어 도둑이 당신을 돕는 상황이 펼쳐질지도 모릅니다. 그러니 도둑도 용서해야 합니다.

우리가 해야 하는 일은 오직 우리의 원인세계에 대한 관념을 조금 더 넓혀서 사람들이 그저 자신의 배역을 연기하고 있을 뿐이라는 것을 알아, 세상 모든 사람을 용서하고 더 나아가 세상의 모든 것을 용서하는 것입니다. 오늘 밤 당신이 더 큰 일을 맡고 싶고 더 많은 돈을 원한다면 그것에 이름을 붙이십시오. 당신이 원하는 것을 가질 수 있도록 당신을 돕는 도둑이 있을지도 모릅니다. 자신이 하고 있는 일이 무언지 모르면서 당신을 도울 겁니다. 그를 판단하거나 비난하지 마세요. 그저 "나(내부 인간)는 육체적 인간이 알지 못하는 길과 방법을 알고 있다. 나의 길(내부 인간의 길)은 이해할 수 없다"는 것만 안 채 나아가십시오. 세상이 생각하기에는 단지 소망일 뿐이지만, 당신은 이미 소망을 이루었다는 가정 속에서 나아가십시오. 소망이 이미 이루어진 것처럼 원하는 것과 하나가 되십시오.

소망이 이루어진 느낌은 어떨까요? "내가 너를 느낄 수 있게 이리 가까이 오너라, 아들아! 너의 목소리는 야곱의 것인데, 너의 손, 너의 목, 너의 냄새는 에서의 느낌이 있구나." (에서는 외부 세상입니다.) 이삭은 느낌을 강조했습니다. 느낌은 목소리를 능가합니다. 목소리는 야곱의 것이지만 느낌인 감각은 외부 세상의 것이었습니다. 그는 외부 세상처럼 느꼈던 것입니다. 이것은 스스로를 속이는 것입니다. 그는 자신이 바라던 것을 가졌다고 스스로를 믿게 만들었습니다. 이 이야기 속 두 아들은 어떤 어머니에게서 태어난 두 아이가 아닙니다. 이것 모두는 우화입니다. 성경의 이야기 전부는 우화입니다.

당신이 무엇을 원하는지 알고 있나요? 진짜 당신이 원하는 것 말입니다. 만일 그렇다면 제가 티켓을 구했던 방식을 그대로 적용해보세요. 그리고 제가 결혼하고 싶은 여성과 결혼할 현실적인 방법이 꽉 막혀 있었을 때 했던 것과 같은 일을 해보세요. 전 그저 그 여성이 제 옆에서 자고 있다고 받아들였을 뿐입니다. 일주일이 지나지 않아 그동안 소식이 없던 전 아내는 어떤 행동을 했고, 전 물론 그것을 용서해야만 했습니다. 세상의 시선으로 봤을 때 돈을 지불하지 않고 물건을 가져가는 행동은 비난받아야 했지만 전 그 일로 인해 자유를 얻었습니다. 이 일을 저지른 장본인은 누구일까요? 제가 아닌가요? 이 세상에 어떤 장본인이 있다면 그건 오직 하느님일 뿐입니다. 오직 하느님밖에 없습니다. 하느님이 이 세상의 모든 일을 하고 있습니다. 그분이 이 세상의 모든 것을 창조했습니다. 만일 그분이 내 안의 두번째 인간이고 두번째 인간은 내 상상력이고 상상력이 또한 하느님이라면, 인간은 오직 상상력일 뿐이고 하느님은 인간이며 우리 안에 존재하고 우리 또한 그분 안에 존재하는 것입니다. 인간의 영원한 몸은 상상력이고, 이것은 하느님입니다.

제 첫번째 아내와 얽힌 복잡한 관계 때문에 뉴욕 법에 따르면 제가 그 당시 원했던 여성과 결혼이 불가능했지만, 저는 그녀와 이미 행복한 결혼 생활을 하는 것처럼 상상 속에서 잠들었습니다. 그러자 일주일이 지나지 않아 전 아내는 사회적으로 비난받아야만 할 일을 저질렀습니다. 하지만 그건 지금 제 딸의 엄마이자 제 아내인 여자와 결혼할 자유를 얻기 위한 하나의 도구였습니다. 그러니 제가 그녀를 어떻게 비난할 수 있겠습니까? 그녀는 하나의 상태에 있었습니다. 누가 그 일을 했나요? 제가 했습니다. 제가 자유롭게 되었다는 가정을 통해 그 일을 했습니다.

이 세상의 모든 이들을 용서하는 것을 배우세요. 그들은 모두 자신의 역할을 다 하고 있을 뿐입니다. 제 눈에는 도둑들이, 그리고 다른 다양한 사람들이 모두 자신이 맡은 역할을 연기하고 있는 게 보입니다. 그들은 제 바람이 이루어지는 도구입니다. 그런데 어떻게 제가 그들을 비난할 수 있을까요?

십자가에서의 마지막 외침은 "아버지 그들을 용서하소서. 그들은 자신들이 하는 일을 알지 못하나이다."입니다. 그들을 용서하세요. 그들은 자신이 무슨 일을 하는지 알고 있는 깨어난 자들을 위해 자신들이 맡은 역할을 자동적이고 무의식적으로 하고 있을 뿐입니다. 모든 사람들 안에 있는 하느님은 모두 같은 하느님입니다. 두 명의 신이란 존재하지 않고, 오직 한 분의 신만이 있습니다. 하느님은 바로 당신의 경이로운 상상력입니다. 당신이 '나(I am)'라고 말할 때, 그것이 하느님입니다.

당신은 담대하게 자신이 이미 원하는 모습의 남자가 혹은 여자가 되었다고 주장하세요. 마치 이것이 사실인 것처럼 그런 가정 속에서 나아가세요. 그리고 잠들어 있는 상태들 모두가 자신들의 역할을 하게 놔두세요. 그들이 외형적으로 어떤 모습을 하고 있을지 몰라도 깊은, 아주 깊은 잠을 자고 있는 중입니다. 그들은 자신이 무슨 일을 하고 있는지 모릅니다. 그러니 비난하지 마세요. 만일 이 역할에 비난할 대상이 있다면 대본을 쓴 사람에게 향해야 할 겁니다. 대본을 쓴 사람은 어디 있나요? 만일 어떤 이의 역할에 칭찬할 것이 있던가 비난할 것이 있다면 모두 작가에게 하십시오.

우리의 이 경이로운 세상 안에서 우리는 무한한 상태이며, 모든 이들은 이 중 하나의 상태 안에 있습니다. 하지만 하나의 상태에 있는 자는 다른 상태들에 있는 자들과 같습니다. 오직 한 명의 연기자만이 있습니다. 하느님만이 연기를 하며 존재하고 모든 존재 혹은 모든 사람들 안에 있습니다. 하느님은 모든 상태 안에 있으며 모든 상태 안에 있는 그분의 이름은 I AM입니다.

어떤 이는 도둑의 역할을 골랐습니다. 그가 생각하기에는 일어나서 일을 하러 나가는 것보다 그게 더 쉽다고 여겼습니다. 어쨌든 좋습니다. 그가 의도적으로 이 일을 했다면 본인의 역할을 선택했던 겁니다. 아니면 어떤 다른 버릇으로 인해 이 상태에 빠졌을지도 모릅니다. 어쨌든 그는 값을 치르게 될 겁니다. 이 점이 바로 하나의 역할을 선택할 때 잘 고려해야 할 사항입니다. 역할은 치러야 할 값이 있기 때문에 그는 그 값을 치르게 됩니다. 그런데 이런 것과는 별개로, 당신의 소망이 실현되는 데에 그 사람이 이용되기도 합니다.

여러분 중 많은 수가 최근에 죽는 꿈을 꿨습니다. 이것은 매우 좋은 징조입니다. 꿈은 에고에 관한 것입니다. 세상에서는 자신을 둘러싼 한계를 깨고 그것보다 더 커지지 않으면 성장할 수가 없습니다. 더 커진다는 것은 기존 한계에 대한 관점에서 본다면 죽음입니다. 당신은 하나의 상태에서는 죽음을 맞이하면서 다른 상태로 옮겨갑니다. 바울이 "나는 매일 죽는다."라고 말하는 것처럼, 죽는 꿈을 꾼 사람은 감사해야 합니다. 매일 성장한다는 뜻입니다. 만일 매일 그가 죽지 않았다면 성장하지 못했을 겁니다. 죽음은 성장에 대한 멋진 상징입니다. 당신이 무덤에 묻혀 있는 모습을 봤다면 당신이 성장하고 있다는 뜻입니다. 죽음은 의식의 확장을 나타냅니다. 더 커다란 상태에 들어갈 때 당신은 하나의 상태에서는 죽음을 맞이합니다. 죽음은 이 육체와는 아무런 관계가 없습니다. 왜냐하면 당신은 불멸의 존재이기 때문입니다. 무엇도 죽지 않습니다. 그것은 죽음이 아닌 확장입니다. 그렇기에 당신이 무덤에 묻혀 있는 자신을 보게 되면 당신은 옛 믿음에 대해서는 죽은 것이기 때문에 감사해야 합니다. 새로운 관념이 당신 자신을 확장하게 만들었고, 이것은 새 인간이 살 수 있게 옛 인간이 죽음을 맞이하게 된 겁니다.

씨앗이 생명을 얻기 위해서는 땅에 떨어져 죽음을 맞이해야 합니다. 만일 땅에 떨어져 죽음을 맞지 않는다면 새로운 열매는 열릴 수 없습니다. 그저 예전의 모습만 간직한 채 그대로 남게 됩니다. 하지만 만일 씨앗이 땅에 떨어져 죽음을 맞는다면 풍성한 열매를 가져옵니다. 그러니 죽음에 대한 꿈을 전혀 두려워 마세요. 죽음은 '의식의 확장이라는 신비'에 있어서는 가장 영광스러운 상징입니다. 인간은 이 세상에서 계속 확장하고, 확장하고, 또 확장합니다. 그러다가 어느 날 인간의 경이로운 상상력이 깨어나게 될 것입니다. 깨어나게 되는 그것이 바로 하느님입니다. 그리고 그가 보게 될 것은 잠들어 있는 광대한 세상입니다. 잠들어 있는 사람들, 어떻게 그들을 비난할 수 있겠습니까? 그들은 그저 자신의 역할을 연기하는 중이고, 아름답게 배역을 소화하고 있는 중입니다.

저는 사람들이 매우 다양하고 멋진 역할들을 소화하고 있는 이 세상을 보고 있습니다. 그들은 깊은 잠에 빠져 있으면서도 자신들이 깨어 있다고 착각하면서 나에게서 무언가를 가져갈 수 있을 거라 생각합니다. 그들의 이런 행위는 내가 나아가기 위해 필요합니다. 그래서 전 제 세상에 들어왔던 도둑들을 용서합니다. 심지어 제가 받아야 할 것을 주지 않고 제 돈을 갈취해 간 사람들에게도 감사한 마음입니다. 왜냐하면 그걸로 인해 저는 제 스스로 굳건히 서게 되었고, 단 한 순간도 세상 사람들에게 기대지 않는 것을 배웠기 때문입니다. 그들은 그저 그들의 길을 가게 하세요. 그들은 모두 깊은 잠, 아주 깊은 잠에 든 채 자신의 역할을 연기하고 있을 뿐입니다.

"네 태중에 두 민족이 있고, 태어날 때부터 서로 다투리라. 하나는 다른 하나를 다스릴 것이고, 어린 자는 나이든 자를 지배하리라." 동생이 군림하는 것을 똑똑히 보십시오. 그는 당신의 상상력입니다. 형은 감각 인간을 말하고, 삶에서의 현실들을 말합니다. 내 계좌 잔액은 얼마일까? 내가 가진 돈보다 내 빚이 더 많은가? 이런 것들이 에서의 판단입니다. 자, 지금 현재 가진 것보다 오십 배 많게 야곱을 넣으세요. 마음의 눈에서는 내가 지금 가진 것보다 오십 배가 더 많아져 있습니다. 과연 이 일은 어떻게 전개될까요? 전 모릅니다. 하지만 하느님이 이 세상의 모든 역할들을 연기하고 있기 때문에 반드시 일어날 겁니다. 오직 하느님만이 있습니다. 당신이 '나(I AM)'라고 말할 때 이것은 하느님입니다. 이것이 당신 안의 주 예수입니다. 절대 죽음을 겪지 않는 불멸의 존재이자, 당신의 영원한 자아입니다.

상상력이란 것은 어떤 모호한 것이 아니라 체(體, body)이자 실체이며, 이것이 깨어날 때 주변의 모든 것이 완벽해질 정도로 매우 완벽한 성질을 가집니다. 하지만 상상력이 깨어나기 전까지는 꿈을 성취하는 일을 합니다. 그래서 상상력은 소망을 성취하는 것에 필요한 사람들을 당신의 세상 안으로 끌어오는 일을 합니다.

제가 할 수 있는 한 최대한 명확하게 설명해보려고 했습니다.

전 여러분이 자신의 참존재를 자각하면서 앞으로 나아가길 바랍니다. 여러분은 이중적인 존재입니다. 첫번째 인간은 먼지로 이루어졌고 다시 먼지로 돌아가는 땅의 인간입니다. 두번째 인간은 하늘나라로부터 온 주이며 죽지 않습니다. 이것은 당신의 경이로운 상상력입니다. 하지만 아직은 무덤(당신이 입고 있는 이 먼지의 몸은 하느님의 무덤입니다) 안에서 잠들어 있습니다. 어느 날 두번째 인간은 깨어날 것이고, 그때 성경의 상징들이 당신 주변을 에워쌀 것입니다. 성경은 완벽합니다. 성경은 진실입니다. 성경에서 말하는 그의 탄생과 관련된 모든 것을 당신이 경험하게 될 날이 옵니다. 그리고 상상력이 깨어났을 때 당신은 오직 상상력만을 신뢰하게 됩니다. 오직 당신 안의 이 존재만을 숭배하게 됩니다. 당신 안에 살아 있는 무엇인가가 있다고 느끼기 시작할 때 당신은 자신이 누구인지 알게 될 것입니다. 그것은 당신의 경이로운 상상력입니다.

당신의 상상력이 깨어난다면 밤에 침대에 누워 잠들어 있는 동안에도, 당신에게 찾아온 사람들을 깨우기 위해 그들을 가르치고 그들에게 길을 제시해주는 등의 여러가지 놀라운 일들을 하게 됩니다.

우리는 모두 특정한 숫자가 주어집니다. 그들은 당신에게 이끌려 오며 당신은 그들을 깨웁니다. 결국에 당신은 돌아와 "나는 그대가 나에게 하라고 한 일을 마쳤나이다. 이제 그대 자신으로, 세상이 세워지기도 전에 그대와 함께 있었던 영광으로 나를 영광스럽게 해주소서."라고 말할 수 있게 됩니다.

나는 이 땅으로 내려가 살과 피의 옷을 두르고 한계를 받아들이기 위해 그 영광을 포기했었습니다. 이제는 그 일을 완수했습니다. "제 것이었던 영광을 제게 돌려주소서. 세상이 생기기도 전에 그대와 함께 가졌던 영광을." 이제 당신은 이 겉옷을 벗고 당신이 할 수 있었던 최선을 다했다고 하면서 영광스러운 자리로 돌아갑니다.

여러분 모두가 지금의 '상태라는 껍질'을 깨고 성장하는 것을 나타내는, 죽는 꿈을 꾸기를 바랍니다. 지금 한계를 깨지 않고서는 더 자랄 수 없습니다. 그 누구도 지금 한계 속에서는 더 자라지 못합니다. 아이에게 신발 한 켤레를 사줬다면 발이 계속 자라기에 얼마 가지 않아 신발이 꽉 끼게 됩니다. 만일 제가, 아까운 마음에 그것을 아이에게 계속 신으라고 고집한다면 아이의 발은 다치게 될 것입니다. 얼마를 주고 샀든 당장 그 신발을 벗기고, 발에 맞는 신발을 준비하세요. 아이는 계속 자라고 있습니다. 결국 신었던 신발보다도 더 크게 될 것입니다.

그러니 당신이 태어날 때부터 갖고 있었던 매우 작은 틀 안으로 마음을 계속 가둔 채로 살지 마세요. 당신이 이 세상에 태어났을 때 예수는 이렇다, 하느님은 이렇다, 네 교회는 네가 구원될 수 있는 유일한 곳이다, 이런 식의 이야기를 들었을 겁니다. 매주 일요일마다 교회를 가서 온갖 의례들을 따릅니다. 그렇지만 신고 있던 신발처럼 어느 날 더 이상은 이것들을 계속 지니고 갈 수 없는 날이 옵니다. 계속 그 안에 있다가 고통스러워 결국 신발을 벗어 던집니다. 그때 당신은 그것보다 더 자라게 됩니다.

또 반복해서 말합니다. "네 태중에 두 민족이 있는데," 하나는 이성과 감각이 제시하고 있는 것을 사실로 받아들이고 있는 감각의 인간입니다. 그 누구도 이 아이 외의 다른 아이를 눈으로 보지 못합니다. 하지만 두번째 아이는 실체가 없는 수증기와 같은 것도 아니고 괴상한 그런 것도 아닙니다. 실제 존재하는 것이며, 바로 불멸의 몸입니다. 하지만 잠들어 있습니다. 바로 당신 안에서 잠들어 있습니다. 창조의 힘을 가진 채 잠들어 있습니다. 그는 당신 안의 창조자이며 어느 날 깨어날 것입니다. 그가 깨어날 때 하느님 그분이 됩니다.

당신의 발목을 꽉 잡던 과거의 잘못된 감정들이 더 이상 힘을 행사하지 못하게 하십시오. 이 일은 마음에서 경험을 다시 쓰는 것을 통해 할 수 있습니다. 다시 말해 교정하고 싶은 과거를 기억해서, 그때 당시에 당신이 했었어야 하는 말을 하고, 했었어야 하는 행동을 하는 모습으로 바꿔봄으로써 할 수 있습니다. 똑같은 실수를 반복하지 않을 거라 결심했다면 이렇게 마음의 영상을 새롭게 교정해서 잠재의식으로 다시 돌려보내십시오.

이 기법을 반복한다면 기억에 붙어 있는 미움, 분노와 같은 분란한 정신적 감정들 모두를 제거하게 될 것입니다. 이런 파괴적인 감정들을 떠나보낸 만큼, 나쁜 건강과 탐탁치 않은 상황과 같은 잘못된 결과들을 끌어당기던 힘들로부터 해방될 수 있습니다.

[리액트] 중에서

Gathered One By One
그 누구도 잃지 않는다

무한한 사랑입니다. 그분이 당신을 감싸 안을 때
사랑이란 게 정말 이런 거구나 그제서야 알게 됩니다.
이 유한한 세상의 언어로는 이 느낌을 표현하지 못합니다.
세상에서 가장 위대한 시인조차도
이 느낌을 표현할 수 없을 겁니다.
이건 완전한 황홀경입니다.

　이사야에서는 "너희들은 한 명씩 모일 것이다. 오, 이스라엘의
백성들아!"라고 말합니다. 여기서 묘사된 이스라엘 백성들은 아
브라함의 후손들이 아니고, 특정 민족이나 국가와 상관없는, 단
지 부름을 받고 선택된 사람들을 일컫는 말입니다. 우리가 부름
받은 자들의 일원이 되기 전에, 하느님은 우리를 불러 하느님의
몸에 들어가게 합니다. 우리는 아담의 후손으로서 바깥 세상에

있다가 한 명씩 한 명씩 부름을 받습니다. 아담은 반드시 자신의 아이로 태어난 사람들 안에서 자신을 다시 만들어내야만 합니다. 이 일은 오직 새로운 본성이 들어왔을 때 가능하며, 이때 옛 본성의 승화가 일어납니다.

2차 세계대전을 통해 이 사실은 입증됐습니다. 멋지고 훌륭했던 한 나라를 예로 들어보겠습니다. 수천만명의 지성적인 국민들과 교육적으로도 가장 높은 수준을 지닌 나라. 그 나라는 세계에 음악, 과학 등의 막대한 영향을 줬습니다. 그런데 하룻밤 사이에 '모든 사람 안에는 동생을 죽였던 카인이 있다'는 것을 입증하듯이 미치광이 집단으로 변하고 말았습니다.

우리는 인류 안에서 사회를 회생시켜보려고 애쓰고 노력했지만 이 노력들이 다 실패로 끝난 것을 봐왔습니다. 이 일은 새로운 본성이 옛 본성 안에 접붙임 되지 않는 한 이루어지지 않습니다. 하느님은 우리들을 자신의 몸에 들어오도록 하며 한 명씩 부릅니다.

1929년 제게 있어났던 일을 말해보겠습니다. 이 일이 제 안에서 펼쳐지기 전까지는 성경이 이렇게까지 문자 그대로의 진실인지 몰랐습니다. 전 댄서였고 호텔에 살고 있었습니다. 이른 아침, 3시 30분이나 4시쯤 됐을 때 제 의식은 신들이 대화를 나누고 있는 신성 의회(Divine Council)로 이끌려 갔습니다. 그곳에서 장부 앞에 있는 천사를 봤습니다. 그녀가 고개를 돌려 제 얼굴을 보고는 깃펜을 들고 장부에 적었습니다.

그곳에 있다가 다니엘서 7장에 묘사된 것처럼, 절 무한한 사랑 즉 옛적부터 함께 있으신 이(Ancient of Days)의 앞에 데려갔습니다. 그분이 저를 보더니 물었습니다. "세상에서 가장 위대한 것이 무엇인가?" 저는 바울이 했던 말로 대답했습니다. "믿음, 희망, 사랑. 그 중에서 가장 위대한 것은 사랑입니다." 그러자 그분이 저를 감싸 안았고, 우리의 몸은 융화되어 하나가 되었습니다.

바울은 우리에게 이렇게 말합니다. "주와 하나가 된 자는 그와 하나의 영이 된다. 하나의 몸, 하나의 영, 하나의 희망, 하나의 주, 하나의 믿음, 하나의 세례, 하나의 하느님 그리고 모든 것 위에 있으며 모든 것을 통해 모든 것 안에 있는 아버지가 된다." 이런 합일 속에서 저는 저의 개성을 잃지 않은 채 무한한 사랑을 느꼈습니다. 나라는 개성도 지니고 있으면서, 이전에는 느껴보지 못했던 아주 강렬한 사랑을 느꼈습니다. 하느님은 진정 사랑입니다.

이로부터 30년이 지난 59년에 그 합일이라는 접붙임은 결실을 가져오기 시작했습니다. 접붙임이 이루어지는 데에 30년이란 시간이 걸렸습니다. 그러자 하느님의 선물이 '모두가 모여 하나인 곳'으로부터 나라는 개인에게 내려오기 시작했습니다. 그래서 하느님은 "우리가(집합적인 표현) … 인간을 우리의 모습으로 만들자"고 말했던 이유입니다. 하늘나라의 선물은 모두가 모여 하나인 곳으로부터 개개인에게 내려옵니다.

이 선물은 나눌 수 있습니다. 무한의 힘이기 때문입니다. 그런데 그 누구도 이 힘을 직접 맛보기 전까지는 알 수 없습니다. 전하나의 비전을 접하게 되었는데, 그걸로 인해 만물이 제 의식과 무관하지 않다는 것을 깨닫게 되었습니다. 만물은 제 안에서 살아 있었습니다. 그 전에는 모든 것이 제 인식과는 완전히 별개로 움직인다고 생각했지만, 그렇지 않다는 것을 깨달았습니다. 이 광대한 세상 전부는 내가 펼쳐져 나온 것이었다는 것을 알게 되었습니다. 이걸 증명하기 위해 전 제 안에서 활동을 멈춰보았습니다. 그랬더니 모든 것이 그대로 멈췄습니다. 모든 것이 말이죠.

걸어가던 웨이터는 더 이상 걷지 않았습니다. 식당에서 식사를 하던 사람들이 더 이상 식사를 하지 않았습니다. 떨어지던 낙엽이 떨어지지 않았습니다. 공중에서 날던 새가 날지 않았고, 모든 것이 그대로 멈췄습니다. 이것들을 살펴보니, 마치 진흙으로 만들어진 것처럼 살아 있지 않았습니다. 이것들을 살아 있게끔 생명을 주는 힘은 모두 내 안에 있었습니다. 제가 말한 그 힘입니다. 우리가 만일 부름을 받고 하느님의 몸 안으로 들어가게 되었다면 이런 힘을 부여받게 됩니다. 인간에게 알려진 지혜와는 다른 지혜가 주어질 겁니다. 이건 어떤 학문적인 지식과는 다른 본래부터 우리가 지니고 있던 지혜입니다.

그날 밤 그분의 몸 속으로 들어가며 느꼈던 짜릿함은 말로 표현할 수 없습니다. 그 후에 전 무한의 권능(Infinite Might, 하느님의 또 다른 모습) 앞에 섰습니다. 그분은 입을 움직이지 않았지만 전 그분이 "이제 해야 할 시간이다."라고 생각하는 것을 들을 수 있었습니다. 그러자 하늘에서 목소리가 들렸습니다. "푸른 피를 내려놓으라." 그리고 무한한 힘이 제게 "해야 할 시간이다."라고 말했습니다.

그러자 전 경이로운 이들이 모여 있던 공간에서 빠져나와 다시 한 번 이 작은 육신의 옷에 갇힌 제 자신을 보게 됐습니다. 이것은 온갖 약점들과 온갖 한계들을 지닌 아담의 옷입니다. 이런 접붙임 이후 30년이란 잉태의 기간, 혹은 배양기간은 1929년 7월부터 시작해 1959년까지 계속됐습니다.

30년이 지난 후, 어떤 경고나 예고도 없이 드라마는 제 안에서 펼쳐지기 시작했습니다. 이때 전 하느님에게서 태어난다는 것의 참의미를 알았습니다. 그것은 피로 태어나는 것도, 육신의 의지나 인간의 의지로 태어나는 것도 아니며 하느님의 의지로 태어나는 것입니다. 태어나는 장소는 나의 두개골입니다. 당신 역시 그곳에서 태어나게 됩니다.

당신은 하느님의 두개골에서 태어납니다. 당신이 있는 곳이 그곳이기 때문입니다. 그리고 우리 모두가 있는 곳이기도 합니다. 우리는 마치 꿈을 꾸고 있는 하느님 마음 속의 셀 수 없이 많은 뇌세포와 같습니다. 이 뇌세포 하나하나는 꿈꾸는 자에게 모두 소중합니다. 아담의 세상에 나타난 세포들은 남자, 여자 우리 모두입니다. 모든 세포들은 신의 뇌에서 반드시 깨어나야만 합니다. 하느님은 삶이란 꿈을 꾸고 있는 중입니다. 당신이란 꿈을 꾸고 있습니다. 하느님은 자신을 나로 여기며 꿈을 꾸고 있습니다. 제 경우에는 1959년에 하느님이 깨어나 성경의 모든 상징들이 제 마음의 눈 앞에서 펼쳐졌습니다.

경험상 말씀드릴 수 있는 것은, 하느님의 목적이 당신이란 한 사람 안에서 펼쳐졌을 때 당신은 최고의 대접을 받게 된다는 것입니다. 당신은 너무도 소중한 존재이기에 여러 명을 한꺼번에 부르지도 않습니다. 당신 혼자만 따로 부름을 받습니다. 여러 명을 한꺼번에 부르기에는 당신이란 존재는 너무 소중하기 때문입니다. 당신은 하느님 안에서 한 명의 개성으로 존재합니다. 하느님은 그 한 명의 개성이 위에서 태어나기 전에, 즉 하느님 몸의 일부가 되기 전에 그를 부릅니다. 그리고는 하느님과의 결합을 통해 당신은 접붙여진 상태가 됩니다. 오직 이런 결합을 통해서만(아담의 몸에 접붙여진 상태) 낡은 인간, 낡은 본성이 떨어져 나가 새롭게 될 수 있습니다.

현재 우리는 굉장히 인본주의적인 세상에 살고 있습니다. 우리가 어떤 식으로 산다면 이 사회를 변화시킬 수 있다고 믿는, 교양 있고 훌륭하며 지적인 남녀들이 사는 세상입니다. 독일인들도 그렇게 생각했었습니다. 그들은 러시아의 낡은 체제가 가져온 참상을 변화시킬 수 있을 거라 생각했습니다. 하지만 결과는 세상의 어떤 황제보다 더 악독한 인간의 탄생이었습니다. 그는 태연하게 2천만 명의 무고한 생명을 학살했습니다. 그런 학살을 자행한 히틀러는 세상 어떤 기준을 대보더라도 정상이 아닙니다.

당신은 변화를 위해 지금부터 계속해서 노력할 수 있지만, 진짜 변화는 오직 새로운 본성이 당신에게 완전히 접붙임 될 때에만 이루어질 수 있습니다. 이건 선물입니다. 성경에는 "법칙은 모세에 의해 주어졌지만, 은총과 진리는 예수 그리스도를 통해서 주어진다."라고 쓰여졌습니다.

예수 그리스도는 누구입니까? 요한계시록의 마지막 장을 읽어보십시오. "교회들로 가서 이렇게 말하라. 나는 다윗의 뿌리이자 자손이며 찬란한 아침 별이다." 나는 뿌리, 자손 양쪽 다라고 말합니다. 뿌리와 자손을 동일하게 보았고, 그 가운데에 다윗을 두었습니다.

다윗은 누구입니까? 다윗은 인류에 대한 상징입니다. 만일 모든 세대의 사람들과 그들이 한 경험들, 이것들을 가지고 거대한 하나의 전체로 융합해 만든다면 이것들이 모두 모여 인격화 된 응축된 시간은 불멸하는 청년인 다윗으로 표현될 수 있습니다. 모든 세대, 그리고 그들의 모든 경험들이 인격화 된다면 성서의 다윗이라는 불로불사의 모습으로 나옵니다. 바로 하느님의 아들입니다.

예수는 주님인 여호와를 부르는 또 다른 이름입니다. 그렇다면 그의 손자는 누구입니까? 예수는 "나는 다윗의 뿌리이자 자손이다."라고 말했습니다. 손자와 할아버지를 하나의 존재로 본 겁니다. 하느님이 하느님 자신을 낳고 있는 중입니다.

하느님은 인류에게서 인간 안에 묻혀 있는 것을 끄집어내고 있는 중입니다. 인간 안에 묻힌 것이 무언가요? 하느님입니다. 당신은 하느님을 그렇게 품고 있는 중입니다. 그러다가 시간이 무르익었을 때 하느님은 자신을 내놓습니다. "나는 그대들을 한 명씩 모을 것이다. 오, 이스라엘의 백성들아."

이스라엘은 부름을 받고 선택되고 뽑힌 상태입니다. 어떤 육체적 혈통과 전혀 관계가 없습니다. 우리는 이성적 사고를 통하여 아담을 초월할 수는 없습니다. 선물로 주어지는 새로운 본성을 통해서만 아담이란 존재를 초월하고 넘어설 수 있을 뿐입니다. 이것은 은총입니다. "은총과 진리는 예수 그리스도를 통해서 왔다."

예수 그리스도는 세상의 성직자들이 말하듯, 2천년 전에 잠깐 살았던 그런 보잘것없는 존재가 아닙니다. 예수 그리스도는 지금 이 순간에도 당신 안에 있습니다. 예수는 당신의 경이로운 상상력입니다. 그것이 주입니다.

당신이 '나는(I am)'이라고 말할 때 이것이 하느님입니다. 하느님은 부름을 기다리며 당신 안에 묻혀 있습니다. 당신이 부름을 받을 때 당신은 실제로 깨어난 주(Risen Lord)이자 옛적부터 함께 있으신 이(Ancient of Days) 앞에 섭니다. 그분은 분명히 제게 물었던 것과 같은 질문을 당신에게 물을 겁니다. 그러면 당신은 마치 영적인 계시를 받은 것처럼 즉각적으로 답하게 됩니다.

제가 그곳에 가게 될 것이라고는 혹은 그런 질문이 주어질 거라고는 생각지도 못했지만, 이 사건은 아주 자연스러운 일이 일어나듯 진행됐습니다. 전 기록하는 천사 앞에 서서, 다니엘서 12장에서 '만일 그대의 이름이 생명의 서에 있다면'이라고 말하듯 제 이름을 그 장부에서 확인했습니다. 사람들이 돌아와 그들이 예수의 이름으로 했던 일을 자랑했을 때, "당신이 이런 일들을 했던 것보다 생명의 책에 당신의 이름이 적혀 있는 것이 훨씬 낫다."라고 합니다.

어떤 사람을 치유하고, 이 사람에게는 부를 갖다 주고, 저 사람에게는 건강을 주고, 단지 이런 식의 흥미거리를 제공하는 것뿐이라면 그게 무슨 의미가 있습니까? 당신은 하느님의 이름을 지니고 있기에 당신의 이름은 생명의 책에 적혀 있다고 전 확신할 수 있습니다.

당신은 당신의 이름을 말하기 전에 반드시 '나는(I AM)'이라고 말해야 합니다. 그게 바로 그분의 이름입니다. 그렇게 당신의 이름은 그 책에 있습니다. 그분이 당신을 부를 날이 반드시 오게 될 겁니다. 전혀 기대도 안 하고 있을 때 부름을 받게 될 것입니다. 당신의 이름은 확인될 것이고, 그러면 당신은 옛적부터 함께 있으신 이(Ancient of Days) 앞에 서게 될 것입니다. 그때 당신은 이전에 한번도 경험해보지 못한 사랑을 느끼게 됩니다. 무한한 사랑입니다. 그분이 당신을 감싸 안을 때 사랑이란 게 정말 이런 거구나 그제서야 알게 됩니다.

이 유한한 세상의 언어로는 이 느낌을 표현하지 못합니다. 세상에서 가장 위대한 시인조차도 이 느낌을 표현할 수 없을 겁니다. 이건 완전한 황홀경입니다. 그리고는 "푸른 피를 내려놓으라."는 말과 함께 보내졌습니다. 이것은 소위 우리 사회에서 말하는 것과는 전혀 관계가 없습니다. 전혀요. 다른 이들은 그냥 그렇게 말하도록 놔두십시오. 그들은 스스로를 중요한 사람으로 여기면서 대중들 앞에서 이야기하는데 그냥 그렇게 하라고 하십시오. 하지만 푸른 피는 그들이 말하는 것과는 전혀 관계가 없습니다. 그건 '교회 의례, 외적인 예배 등, 시선을 내 안이 아닌 바깥으로 이끄는 것'을 말합니다. 이것들을 내려놓으십시오. 이런 것은 당신 안에 있는 존재를 깨우는 데에 전혀 도움을 주지 못합니다.

무한한 권능이었던 분이 "해야 할 시간이다."라고 말했을 때 이 말들은 하늘나라에서 주어진 것입니다. 오직 하느님만이 활동하며, 오직 하느님만이 존재하며, 그래서 모든 존재와 모든 인간들 안에 하느님만이 존재합니다. 그분은 어떻게 활동하나요? 그분은 당신의 상상력 안에서 활동합니다. 당신이 하나의 상태를 상상할 때, 이것이 바로 하느님이 활동하는 것입니다. 이렇게 상상하는 상태를 현실이라 믿을 수 있나요? 할 수 있다면 상상한 상태는 외부 세상에 나타나서 당신의 세상에서 하나의 현실이 될 것입니다. 만일 이 상상하는 상태를 현실로 믿지 못한다면 하느님을 믿지 못하는 것과 같습니다. 하느님은 당신 안에 있기 때문에 당신 바깥에서 하느님을 찾아 헤매고 있다면 어떤 소득도 없을 것입니다. 당신의 경이로운 상상력이 바로 하느님입니다.

제가 하느님, 예수, 주, 이런 단어를 썼을 때 이것이 당신 외부에 있는 어떤 존재에 대한 인상을 불러일으켰다면 당신은 잘못된 주, 잘못된 예수, 잘못된 하느님을 지니고 있는 것입니다. 하느님은 당신 안에 있습니다. 그래서 이렇게 말합니다. "예수 그리스도가 당신 안에 있다는 것을 알지 못하나? 그렇지 않다면 그대는 시험에 실패한 것이다." 그리고는 과제가 주어집니다. "시험해서 확인해보라."

당신은 방금 이 시험에 들었습니다. 혹시 외부 세상의 예수 모습을 떠올렸나요? 그랬다면 시험에 실패한 겁니다. 제가 하느님이라고 말할 때 당신 자신을 떠올리지 않고 외부의 어떤 존재를 떠올리게 했나요? 그랬다면 시험에 통과하지 못했습니다. 그분은 언제나 영원히 당신 안에 있습니다. 이것이 제가 말한 주님입니다.

어떤 일이라도 하느님에게는 다 가능합니다. 만일 내 안에서 그분을 발견했다면 그리고 오직 그분만이 활동하고 있고, 모든 존재와 모든 사람 안에 있다는 것을 발견했다면 이제 알아야 할 것은 그분이 어떻게 활동하고 있는가입니다. 그분은 우리의 상상을 통해 활동합니다. 그래서 제가 이 세상에서 해야 할 일은 제 상상의 활동을 믿는 것이 전부입니다. 이사야 55장에 쓰여진 것처럼, 그분의 방법은 내가 고안할 수 있는 방법보다 훨씬 대단합니다. 그분의 생각은 인간이 해내는 생각보다 훨씬 대단합니다. 그래서 저는 소망이 세상에 나타나기 위한 방법을 고안해내는 것을 전적으로 상상활동에 맡겨 둡니다. 제가 믿음만 지니고 있다면 그렇게 될 것입니다.

아담을 말할 때, 우리는 그를 육체적 인간, 외부 인간으로 말합니다. 하지만 아브라함을 육체적 인간으로 보지는 않습니다. 우리는 아브라함을 믿음이 있는 존재로 봐야 합니다. 그래서 자신이 찾아낸 하느님에게는 모든 일이 가능하다고 믿을 수 있는 자가 아브라함입니다. 아브라함은 자신의 땅이 아닌 곳에서 이방인으로 살았고, 그의 자손들마저 400년 동안 이방인으로 살았습니다. 그 와중에도 자신이 하겠다고 말한다면 하느님이 그 모든 것을 가능하게 할 수 있다는 믿음이 있었고 이것을 올바름(의로움righteousness)으로 여겼습니다.

올바름이란 무언가요? 올바름이란 성서에서 자신에게 부여된 조건들을 이행한 사람들에게 주어진 칭호입니다. 바울이 선한 싸움을 하고 달려갈 길을 마쳤을 때 그는 믿음을 지켜냈기에 의로움(올바름)의 왕관이 자신을 위해 준비됐다고 말했습니다. 그는 그 비전을 본 후로 한 치도 믿음이 흔들리지 않았습니다.

의로움(올바름)의 왕관이란 무엇입니까? 인간 안에서 예수 그리스도가 베일을 벗고 나타나는 것입니다. 그가 그리스도를 드러내고 여기서의 그리스도는 다윗입니다. 다윗은 하느님의 아들입니다. 인류를 한 명의 불로불사의 모습으로 의인화한 것이 다윗입니다.

예수는 주입니다. 그가 아들을 드러내면 아들은 당신이 주라는 사실을 알려줍니다. 뿌리에서 나오는 것이 아니라면 수확할 수 없고, 당신도 예외가 아닙니다. "만일 뿌리가 신성하다면 가지들도 그럴 것이다." 성경에 나온 말입니다. 우리는 분명 신성합니다. 왜냐하면 우리의 뿌리인 우리의 주 하느님이 신성하기 때문입니다.

당신이 성스러운 것에 접붙여져 있다면 당신 또한 분명 성스러울 겁니다. 그러면 당신이란 존재가 나올 때 성스러움의 열매는 맺혀 있게 됩니다. 항상 열매는 그 뿌리와 같은 종의 것이지, 뿌리와 다른 종의 열매가 맺힐 수는 없습니다.

성스러움은 세상 사람들이 가르치는 그런 의미는 아니고, 온전함과 완벽함을 뜻합니다. 당신은 완벽한 것에서 무엇을 더하거나 무엇을 뺄 수 없습니다. 만일 완벽한 상에서 무언가를 뺀다면 그건 더 이상 완벽하지 않을 겁니다. 무언가를 더한다 해도, 마찬가지로 더 이상 완벽하지 않습니다. 따라서 당신은 그 완벽한 것에 무언가를 빼거나 더할 수 없습니다. 그렇기에 "하늘에 계신 네 아버지처럼 완벽해지라"고 말해집니다. 온전해지고, 완벽해지십시오!

"그대 안에서 선한 일을 시작하신 이가 그 일을 완성할 것이다."라고 말합니다. 언제 그 일이 일어난다고 했나요? '예수 그리스도의 날에'라고 합니다. 다시 말해 그분이 당신 안에 있는 그분의 아들을 드러내는 날입니다. 그분은 당신이 바로 하느님 아버지라는 것을 밝힙니다. 왜냐하면 아들이 아버지를 밝히게 되는데 오직 아버지만이 아들을 알아보기 때문입니다. 당신이 아들을 보게 된 순간, 당신은 자신이 누구인지 알게 됩니다. 일이 다 마쳐져서 완벽해졌을 때 당신이 아들을 볼 것이고 아들이 당신에게 당신이 누구인지 말하게 되기 때문에, 하느님은 예수 그리스도의 정체를 나타냅니다.

에베소서 4장에서 하나의 진리에 대해 말해주는데, 이건 하느님의 아들에 관련된 신비한 진리입니다. 그분은 아들의 이름을 말하지 않았습니다. 예수 그리스도나 다윗이라고 부르지 않고, "그분은 그대가 하느님의 아들을 알게 할 것이다."라고 말합니다. 당신이 아들을 보게 되고, 이렇게 아들을 보게 되었을 때 당신은 자신이 누구인지 알게 되기 때문에, 그때 그런 앎을 얻게 됩니다. 그러면 당신은 그리스도가 누구인지 알게 됩니다. 또한 하느님의 아들이 누구인지 알게 됩니다.

인류 전체가 하느님의 아들입니다. 이 중 어느 한 명도 잃지 않습니다. 이들 한 명, 한 명 모두가 하느님 그분이 될 것입니다. 하지만 하느님의 아들을 낳는 일은 오직 하느님을 이 인간이라는 나무에 접붙였을 때에만 이루어집니다. 모든 것이 그것의 종(種)을 쫓아 낳게 되기 때문에 당신은 아담에게 무슨 일이든 저지를 수 있지만 아담이란 나무를 바꿀 수는 없습니다. 그 동일수확의 법칙은 창세기 1장에 규명되어 있으며, 8장 마지막 부분에서도 확인되고 있습니다. 모든 것은 다 그 종을 따라 낳습니다. 그걸 바꿀 수는 없습니다.

아담은 자신의 동생을 죽인 카인을 낳았습니다. 국가들과 사회들을 통해 보았던 것처럼, 모든 사람들 안에는 카인이 있습니다. 당신에게는 사회를 더 좋게 만들 수 있을 것 같은 달콤하고 멋진 생각들이 있을지도 모릅니다. 하지만 그렇게 만들지는 못할 겁니다. 자신들은 악한 것들에 영향을 받지 않는다 생각했던 사람들도 자기 가족의 일원이 미쳐 날뛰게 되는 것을 보게 될 겁니다. 그들이 진짜 미쳐서가 아니라, 그들의 행동이 미친 것처럼 보입니다. 당신은 그들이 그런 행동을 하게 될 거라고는 한번도 생각해 본적이 없습니다. 항상 그들은 눈에 잘 띄고, 하는 행동들이 옳았기 때문입니다. 하지만 아담 본성의 일부이기 때문에 이런 생각지도 못한 일이 일어납니다. 아담은 그의 자식들로 태어나는 자들 안에서 비슷한 것을 계속 낳고 있습니다. 그는 자신을 계속해서 낳고 있습니다. 우리가 이 세상에서 '현세적 본성'이라고 말하는 겁니다.

우리는 생명이 전해진 것 안에는 비슷한 형태가 생기는 원리 속에서 살고 있습니다. 당신은 이것이 어떤 종류의 나무인지 아나요? 수확의 계절이 올 때까지 기다리세요. 그러면 이 나무에 맺힌 열매를 보며 어떤 나무인지 알게 될 겁니다. 만일 열매를 따다가 심으면, 나무의 열매와 똑같은 것을 맺게 될 겁니다. 다른 것이 되는 일은 없습니다. 이것은 계속해서 자신과 같은 종만을 생산할 뿐입니다.

하느님이 인간에게 자신을 접붙일 때 인간은 세례를 받게 됩니다. 우리가 사는 세상에는 세례 의식이 있습니다. 저도 서너 살쯤에 세례 받은 기억이 있습니다. 우리 형제자매들 모두 세례를 받았습니다. 어머니는 이 사소한 행위가 신비로운 방식으로 제 인생에 중요한 영향을 미쳤다고 믿었습니다. 크리스천인 어머니는 세례를 하면 대단한 일이 일어난다고 배웠습니다. 그렇지 않습니다. 이런 외적인 세례로는 아무 일도 일어나지 않습니다. 일어났던 일이라고는 제가 물에 풍덩 빠졌던 것이 전부입니다. 이 외에는 어떤 일도 일어나지 않았습니다. 완전히 종교에 심취해서 이 행위로 어떤 일이 일어날 거라 믿는 사람들이 있습니다. 그들을 지켜본 바, 몇 년 후에도 그들은 여전히 물에 들어가기 전과 다를 바 없이 폭력적이었습니다. 어떤 일도 일어나지 않았다는 뜻입니다.

그렇습니다. 진정한 세례는 하느님이 당신을 포용할 때 이루어집니다. 어떻게 우리 수백만 명의 사람들을 하느님이 일일이 안을 수 있을까요? 그 방법은 제게 묻지 마십시오. 하느님은 그리 할 것입니다. "나는 그대들을 한 명씩 모을 것이다. 오, 이스라엘의 백성들아." 이사야 27장의 구절입니다. 우리는 한 명씩 모일 것입니다. 두 명씩이 아니라 한 명씩입니다. 여러분이 그만큼 귀중하다는 뜻입니다.

내가 성스럽다면 그건 주 하느님이 성스럽기 때문입니다. 나는 어떤 다른 방법으로 성스러워질 수는 없고, 오직 하느님이 그분 자신을 내게 접붙일 때에만 가능합니다. 그분은 그 일을 합니다. 이것은 태초부터 하느님이 갖고 있던 계획입니다. 하느님의 아들인 우리가 인류 안으로 내려와 인간을 숨쉬게 했을 때 우리는 우리가 떠나왔던 천상 세계와 어떤 접촉도 하지 못했습니다. 그저 인간인 척하는 걸로는 안됩니다. 우리는 실제로 인간이란 한계와 제약을 취해야만 했습니다.

만일 내가 하느님의 아들인 것을 알면서 이 땅에 왔다면 인간의 역할을 제대로 할 수 없었을 겁니다. 로마서 11장에서는 이렇게 말합니다. "하느님이 사람 모두를 불복종한 상태에 놓는 것은, 모든 사람에게 자비를 베풀려 함이라." 당신이 하느님의 자비를 이해하기 위해서는 모든 사람을 불복종의 상태에 놓아야 했습니다. 하지만 하느님의 선물과 약속은 바뀔 수 없습니다. 그러니 절망할 필요 없습니다.

우리에게는 역사서의 형식을 취한 성경이란 선물이 있습니다. 이 책은 우리에게 전해진 하느님의 선물입니다. 하느님은 우리에게 내면의 말씀을 주었고, 말씀은 우리 안에서 깨어나 이 책에 생명의 빛을 비출 겁니다. 이 말씀이, 그러니까 우리에게 접붙인 말씀이 우리 안에서 펼쳐질 때 성경 전체는 살아있게 될 것입니다.

그분이 당신을 감싸 안는 접붙임의 순간에 당신은 말씀을 받습니다. 그때 당신은 성경에 기록된 말씀과 내적으로 받아들인 생생한 말씀 사이의 관계를 보게 됩니다. 하나는 외부세계에서 주어진 것이고, 다른 하나는 내면세계에서 주어진 것입니다. 그러면 내면세계에 주어진 말씀은 알맞은 때에 당신 안에서 펼쳐지고 그때 성경의 진실을 알게 됩니다.

바울이 믿음의 하나됨에 대해 이야기할 때 그것은 구약과 신약이 실제로 하나의 믿음이라는 것을 말한 것입니다. 바울은 모든 이가 믿음이 하나인 것을 보라고 말합니다. 여기 이스라엘의 나무가 있고, 또 그 나무의 본성을 나타내 줄 과실이 있습니다. 그 나무는 접붙여질 것이고 살아 있는 말씀이 나와 기록된 말씀을 해석해줄 겁니다.

디즈레일리의 '그리스도교는 유대교가 성취된 것일 뿐이다.'는 말은 옳았습니다. 만일 이런 말을 했던 것이 디즈레일리라는 위대한 유대인이 아니었다면 아마 많은 반론이 제기됐을 것입니다. 하지만 그는 매우 명석하고 위대했던 벤자민 디즈레일리였습니다. 그는 자신이 유대인이란 사실을 부인했던 적이 없습니다. 디즈레일리(Disraeli)라는 이름은 '이스라엘의(of Israel)'라는 뜻입니다. 그는 자신이 베냐민(벤자민)가의 벤자민이라는 사실을 밝혀왔습니다. 영국이 가장 막강한 힘을 갖고 있었을 때 디즈레일리가 수상이었습니다. 그보다 2천년이 앞섰던 바울은 우리가 교리의 바람에 여럿으로 찢겨 분열되지 않기를 바라며, 믿음의 하나됨을 보고 그것을 유지하기를 희망했습니다.

만일 당신이 그것을 볼 수 있다면 당신은 하느님 지혜를 상속받게 될 것입니다. 하느님이란 권능을 받고 있는 자신을 보게 될 것입니다. 이 넓은 세상 전부는 당신이란 존재가 외부로 나타난 것이고 세상의 실제 모습은 당신 안에 있습니다. 세상은 이 뿌리를 당신 안에 두고 있기에 당신은 당신의 뜻에 따라 세상을 움직이게 할 수도 멈추게 할 수도 있습니다. 당신은 누군가의 동기도 바꿀 수 있게 되는데, 이렇게 하면 그는 스스로 그런 마음을 먹었다 생각하게 될 겁니다. 하지만 이런 힘은 당신이 그 몸에 접붙여지기 전까지는 행사할 수 없습니다. 당신이 신성 모임의 일원이 되기 전에 당신은 부름을 받고 하느님의 몸에 들어갑니다. 당신이 위에서 태어난 후에만 그 일원이 될 수 있을 뿐입니다. 그래서 그 누구도 위에서 태어나기 전에는 왕국에 들어갈 수 없습니다.

당신이 위에서 태어나면 당신은 하느님처럼 됩니다. 그러면 하느님의 모든 힘들이 당신 안에서 천천히 펼쳐지게 됩니다. 하느님은 당신에게 본인 힘의 아주 작은 부분만을 주는 것이 아닙니다. 그분이 주는 힘은 하느님 자신 전부입니다. 골고다에서 하느님은 말 그대로 우리 인간이 되었습니다. 그리고 베들레헴에서 우리는 말 그대로 하느님이 됩니다.

이 세상 교회들은 성금요일에 이런 이야기를 하지 않을 겁니다. 그들은 십자가 위에 있는 사람만을 보려 합니다. 그런데 전혀 그곳에서는 볼 수 없습니다. 이 몸이 하느님이 짊어지고 있는 십자가입니다. 아담이란 십자가입니다. 그분이 그곳에 못 박혀 있습니다. 소용돌이가 이곳에서 우리를 붙잡고 있지만 하느님의 자비와 하느님의 은총으로 제가 하느님의 질문에 올바르게 대답하였을 때 하느님은 저에게 자신을 접붙였습니다. 그리고는 저를 안아 하나가 되었습니다. 주와 하나로 연결되었기에 저는 그분과 하나의 영이 되었습니다.

다음은 에베소서 4장에 나온 내용입니다. '하나의 몸, 하나의 영, 하나의 희망, 하나의 주…' 초지일관하게 '하나의 하느님이 자 우리 모두의 아버지'라고 말합니다. 하느님의 아들이 당신 앞에 나타날 때 당신은 하느님이자 아버지가 됩니다. 당신이 바로 그의 아버지이기에, 당신은 하느님인 것입니다. 모두가 하나의 하느님입니다. 다른 이가 끼어들 여지는 없습니다.

우리 모두는 하느님으로 깨어날 운명입니다. 그 사이에 법칙을 사용하세요. 법칙은 모세를 통해 주어졌습니다. 하지만 법칙은 산상수훈에서 해석된 것처럼, 물질적 법칙이라기보다는 마음에 관한 법칙입니다.

이렇게 말했습니다. "옛말에 이르기를, 그대는 간음하지 말라 하였으나, 나는 그대에게 말하니, 누구든 여자를 음탕하게 보는 사람은 이미 그의 마음에서 간통을 저지른 것이다." 이것은 법칙을 마음에 관하여 해석한 것입니다.

어쩌면 음탕한 마음으로 여성을 쳐다보면서 단지 초래할 결과가 두려워서 행동으로 옮기지 못할 수도 있습니다. 하지만 성경에서는 이것도 충분하지 않다 말합니다. 어떤 행위를 생각하는 것은 상상속에서 그 일을 저지른 것이라고 합니다. 그리고 당신 안에는 상상 속 행위들을 지켜보는 자가 있습니다. 신의 세계에서 그들은 모든 것을 보고, 모든 것을 듣고 있습니다. "거대한 영원 속에서 죽음-모든 것이 나타났다가, 증가했다가, 다시 줄어들기 시작하고 사라지는 이곳은 죽음의 세상이다-을 응시하는 자들은 이렇게 말한다. '눈에 보이는 것은 그것을 단지 그렇게만 보고 있는 자에게는 가장 두려운 결과를 낳는다.' 심지어 고통, 절망, 영원한 죽음까지도. 하지만 신의 자비는 이것을 뛰어넘어 예수 몸 안의 인간을 구원한다." 당신이 그 짓을 저질렀을지라도(그리고 우리 모두가 그 짓을 저질렀을지라도) 신의 자비는 당신을 구원할 것입니다. 하느님이 당신에게 자신을 접붙일 때 당신의 모든 과거는 지워질 것입니다. 다시 말해 과거가 더 이상 당신에게 아무런 의미도 갖지 못할 것입니다.

그렇다고 이 말이 다른 사람들이 당신에게 했다면 싫어할 일들을 당신은 나가서 해도 된다는 뜻은 아닙니다. 그저 눈에 보이는 것과는 관계없이 당신의 멋지고 고귀한 삶을 살아가십시오.

여러분은 지금 이 순간, 소망이 성취된 느낌을 사실로 받아들여 그 느낌에 완전히 휩싸여서 그곳에서 하는 행동을 현실로 믿는 상태까지 갈 수 있습니까? 그렇게 할 수 있다면 이 상상은 스스로 외부 세상에 나타나게 될 것입니다. 이 일이 현실에 일어났다면 어떤 느낌이겠습니까? 어떤 느낌일지 잘 생각해보십시오.

마치 옷을 입듯이 이 느낌을 두르십시오. 그리고 이것이 사실인 것처럼 걸어 나가십시오. 마음속 비전에 믿음을 유지하고, 이것이 사실인 것처럼 잠드십시오. 보이는 것은 그렇게 보고 있는 자에게 사실이기 때문에 현실이 될 것입니다.

당신의 이성과 감각은 지금 당신이 사실로 받아들이고 있는 모습이 사실이 아니라고 말하고 있더라도 당신은 당신이 이미 원하는 모습의 남자, 혹은 여자라고 믿으면서 잠들 수 있습니까? 당신의 이성과 감각을 무시하고 당신이 원하는 모습이란 것을 담대하게 받아들이며 이 가정 속에서 잠들 수 있습니까? 이렇게 할 수 있다면 반드시 현실로 이루어질 겁니다.

성경은 이렇게 말합니다. "그대가 기도할 때 이미 받았다고 믿어라. 그러면 그렇게 될 것이다." 이런 형태의 기도만이 성공할 수 있는 유일한 기도라고 하는데, 당신은 그렇게 기도할 수 있습니까? 간청하고 애원하는 것은 그것을 가지고 있지 않다는 것을 고백하는 것이기에 성공한 기도가 될 수 없습니다. 원하는 것을 마음에서 차지해야만 합니다. 기도는 객관 세상의 소망을 내면 세상에서 자기 것으로 취하는 것입니다. 이것이 기도입니다. 나는 내가 외부에서 바라는 것을 내면에서 가져봅니다. 그러면 이것은 내가 알지 못하는 방법으로 내 세상에 와서 내 앞에 나타납니다. 우리 중 많은 수가 상상이 현실이 되어 우리 앞에 나타난 것을 보게 되었을 때 우리는 우리가 그것을 상상했던 때를 기억하지 못합니다. 하지만 이 방법이 아닌 다른 방법으로 일어나지는 않습니다.

이 세상의 결과들은 영적인 원인을 지니고 있지 세상의 원인을 지니고 있지 않습니다. 세상의 원인이라는 것은 그저 그렇게 보일 뿐입니다. 이것은 망각하는 기억이 만들어낸 환영에 불과합니다. 우리는 기억하지 못할 뿐입니다. 그래서 자신의 수확물을 보고도 상상의 힘을 믿기를 거부합니다. 자신이 한가한 시간에 그런 것을 상상했다는 것을 조금도 믿지 못합니다. 그렇다 해도 상상 외에 일어날 방법은 없습니다. 상상했기에 일어난 일일 뿐입니다.

여러분은 이 세상에서 원하는 모습의 남자 또는 여자가 될 수 있습니다. 뿐만 아니라 당신은 하느님이 당신을 계획했던 모습이 되어가고 있는 중입니다. 그분은 당신에게 그분 자신을 줄 것이기 때문입니다. 하느님이 당신에게 자신을 주는 그 시간은 갑자기 아무런 예고 없이 찾아옵니다. 접붙임과 싹 틔는 것 사이에는 배양기간이 있습니다. 제 경우에는 접붙임 이후 30년이란 시간이 걸렸습니다. 그래서 "예수는 30세쯤 가르치기 시작했더라."라고 적혀 있습니다. 이것은 모두 내면세계에 관한 내용입니다.

평범한 가정에서 태어난 예수는, 마가복음에 나온 것처럼 적어도 4명의 형제와 그리고 "그의 누이들은 이 날 우리와 함께"라는 구절에서 보듯 적어도 2명의 누이들이 있었습니다. 이 평범한 남자는 접붙임을 가졌고, 그것은 그 안에서 펼쳐졌으며 그는 자신의 이야기를 말했습니다. 사람들은 그의 배경에 대해 몰랐기에 그 말을 믿지 않았습니다. 왜냐하면 그가 말하는 것 이면에 있는 신비에 대해서는 알지 못했기 때문입니다. 사람들은 그가 보잘것없는 자신을 과장하려 한다 생각했습니다. 아닙니다. 그는 하느님 목적의 신비에 관해 말하고 있었습니다. 그는 아버지와 아들의 신비를 말하고 있었습니다. 왜냐하면 그는 "아버지와 나는 하나이기에 나는 아버지이다."라고 말할 수 있었기 때문입니다. 그는 자손이자 뿌리입니다. 그는 다윗이 인류 모두를 총칭해서 말하는 것이란 것을 알았습니다. 다윗이 당신을 아버지라 부를 때 당신은 당신 자신이 진정 누구인지 알게 됩니다.

불행하게도 사람들이 마음을 내려놓고 있는 상태
들 대부분은 부정적인 것입니다. 당신은 안정을 느
끼지 못하면서 국가가 내 생계를 유지해줘야 한다
는 확신 속에 마음을 두고 있을지 모릅니다. 비참
함이 당신의 자연스러운 감정이 될 때까지 상처받
았다는 느낌 안에 마음을 두는 것은 쉽습니다.
당신은 작금의 상황을 비난하면서 다른 이가 원인
이라고 믿을지 모르지만, 당신의 상처받았다는 느
낌으로 인해 당신이 비난하는 바로 그 상태가 된
것입니다. 누군가가 당신을 불쾌하게 만들었다면,
명심하십시오, 다른 이란 없습니다. 당신이 마음을
내려놓고 있는 그 상태가, 들리지도 보이지도 않는
대화에 당신의 귀를 기울이게끔 하고 있습니다. 그
말들은 당신에게만, 오직 당신에게만 들리지만, 자
석처럼 당신 주변 삶의 환경들을 당겨옵니다.

자신을 속이면서 말씀을 듣는 자에 머물지 말고
말씀을 실천하는 자가 되어라.

[리액트] 중에서

IMAGINATION PLUS FAITH
믿음이 더해진 상상력

신문 1면을 보면 세상의 가장 끔찍한 일이 나와 있는데
이건 인간의 상상력이 만들어낸 것일 뿐입니다.
이런 것들을 창조할 필요는 없었습니다.
하지만 우리 인간은 상상력을 통제하지 못했기에
아침, 점심, 저녁 계속 이런 끔찍한 것에 영양분을 주었습니다.
당신의 경이로운 상상력을 조절하는 법을 배우십시오.
당신이 이렇게 할 때 이 땅 위에 하늘나라가 세워질 것입니다.

믿음이 더해진 상상력은 우리의 세상을 만드는 토대입니다. 제가 상상력이라고 말했을 때 무얼 의미했을까요? 전 하느님을 의미했습니다. 인간은 오직 상상력일 뿐입니다. 그리고 하느님은 인간이고 우리 안에 있고, 우리는 하느님 안에 있습니다. 인간의 불멸하는 몸은 상상력이고 그것이 하느님 그분이며 예수라는 신성체(神性體, divine body)입니다. 그리고 우리는 그분의

구성원입니다.

무엇을 상상하느냐는 전적으로 우리에게 달린 일입니다. 하지만 "믿음이 없이는 그분을 기쁘게 하지 못한다."라고 합니다. 저는 여러분에게 여러분의 경이로운 상상력이 하느님이라고 말을 할 수는 있지만, 여러분을 확신하게 만들지는 못합니다. 당신은 상상력이 삶의 유일한 원인이라는 것을 경험을 통해 스스로 확신해야만 합니다.

만일 당신의 경이로운 상상력이 하느님이란 것을 안다면 어떤 목표도 실패하지 않을 것입니다. "믿는 자에게 모든 것은 가능하다." 마가는 "하느님에게 모든 것은 가능하다."는 말을 통해 하느님과 인간을 동일시했습니다.

마태복음에서는 하늘나라의 왕국에 들어가길 원했던 한 젊은 부자의 이야기가 나옵니다. 예수는 "그대가 가진 것을 다 팔고 나를 따르라."고 말합니다. 하지만 그에게는 너무 많은 소유물이 있었기에 낙담합니다. 그러자 예수는 "부자가 하늘나라의 왕국에 들어가기는 낙타가 바늘구멍에 들어가는 것보다 어렵더라."고 말합니다. 예수의 제자가 "그렇다면 누가 구원받을 수 있습니까?"라고 묻습니다. 예수는 "사람에게는 불가능하지만 하느님에게는 그 모든 것이 가능하다."라고 대답합니다.

여기서 사람은 자신이 누구인지 모르는 사람을 뜻합니다. 다시 말해 주의 이름을 알지 못하는 사람을 말합니다. "그 이름을 아는 자들은 그를 믿으니, 이는 주이신 당신께서는 당신를 찾는 자를 버리지 아니하기 때문이다."라고 하기 때문에 나는 무엇보다 그분의 이름을 알아야 합니다.

그분의 이름이 성서에서 어떻게 나오는지 찾아보겠습니다. "모세가 하느님에게, '만일 제가 이스라엘 백성들에게 가서 너희 조상의 하느님이 나를 너희에게 보냈다'라고 말하면 그들이 제게 '그분의 이름이 무엇이냐'고 물을 텐데 저는 어떻게 말해야 할까요? 라고 말하니, 하느님은 모세에게 '나는 나라고 인식하는 자이다(I AM that is who I AM)라고 말하고 I AM(나라고 인식하는 자)이 그대를 보냈으니 그것은 나의 불멸하는 이름이고, 그 이름으로 모든 세대에 알려질 것이라고 말하라.'고 말했더라." 나에게는 이것 이외의 다른 이름은 없습니다.

단지 인식하십시오. 인식하는 것은 '나는(I AM)'이라고 말하는 것입니다. 입으로 소리를 내지는 않더라도 인식하고 있는 그 인식(I AMness)이 하느님입니다. 그것이 바로 상상력이라고 제가 말한 것입니다.

믿음이 무엇인가요? 히브리서 11장에서는 "믿음은 바라는 것의 확신이요, 보이지 않는 것들의 증거이다. 믿음을 통해 우리는 세상이 하느님의 말씀으로 창조된 것을 이해한다. 그래서 보이는 것이 나타나지 않은 것으로부터 만들어졌고 믿음이 없이는 그분을 기쁘게 할 수 없다는 것을 이해한다. 그분은 보이지 않는 것을 마치 보이는 것처럼 부르니, 보이지 않는 것이 보이게 되었더라."

하느님이 나의 경이로운 상상력이란 것을 알게 되었다면, 불가능해 보이거나 이루기 어려워 보이는 것을 어떻게 창조하기 시작할까요? 물론 하느님으로부터 시작합니다. 세상에서 가장 축복받은 선물은 내가 원하는 대로 만들어 볼 수 있는 강렬하고 생생한 상상력, 명료한 생각 그리고 뚜렷한 비전입니다.

그렇다면 마음 속에서 소망이 성취된 것을 나타내는 장면 하나를 만들어보세요. 이것을 뚜렷하게 보면서 최대한 현실과 같은 톤을 준 후에 이 상상을 믿으십시오.

소망이 성취된 느낌을 사실로 받아들이고, 이것들을 부정하는 것들은 모두 무시하세요. 그러면 보이지 않는 것을 마치 보이는 것처럼 부르는 것이고, 보이지 않던 것은 보이게 될 것입니다.

제 경험으로 미루어 보아 이것은 사실입니다. 결코 실패하지 않을 겁니다. 하지만 이 힘을 활동하게 하는 것은 우리들입니다. 무엇을 해야 하는지 아는 것과 그것을 실천하는 것은 완전히 다른 문제입니다. 도전해보겠습니까? 이것의 사실여부를 알기 위해서는, 다른 것도 다 좋고 괜찮지만 직접 해봐야 합니다. "그대의 이름을 아는 자들은 그대를 믿는다."

사람들은 이 이야기를 듣고 아마 놀라겠지만 그래도 전 이것을 계속 말하겠습니다. 전 직접 경험했습니다. 여러분에게 제가 아는 것을 말할 뿐입니다. 만일 여러분이 소망이 성취된 느낌을 사실로 받아들이고 그렇게 되었다는 믿음 속에서 걸어 나간다면, 그러면서 소망이 이루어진 것을 부정하고 있는 감각과 삶의 현실들을 무시한다면 여러분이 알지 못하는 방법으로 이 믿음은 여러분 세상에서 현실이 될 것입니다. 이것이 제가 말한 믿음이 더해진 상상입니다. 믿음이 더해진 상상은 우리가 세상을 창조하고 있는 참된 세상입니다.

저는 1942년 38세에 징집되었습니다. 징집되어 루이지애나에 보내졌지만 그곳에 계속 있기가 싫었습니다. 3개월의 신병기간을 마쳤을 때 이 법칙을 써서 뭔가를 해봐야겠다 결심했습니다. 다른 무엇보다 명예제대하기를 원했습니다. 워싱턴에서 지침이 내려왔는데, 만일 1943년 3월 1일 이전에 만 38세가 된 사람은 제대할 자격이 주어진다는 것이었습니다. 하지만 이 조건에 부합하더라도 무조건 명예제대가 된다는 뜻은 아니고, 지휘관의 재량에 따라 그 사람이 부대에 필요하다 생각되면 남아 있게 할 수 있었습니다. 그렇게 결정이 나면 지휘관에게 어떤 호소도 할 수 없었습니다.

1943년 3월 1일 이전에 38살이었던 저는 자격이 되어 신청을 했습니다. 하지만 돌아온 대답은 지휘관의 서명이 적힌 '불가' 문서였습니다. 이건 거의 확정한 듯 보였습니다. 하지만 하느님이 누구인지 아는 사람에게는 세상에 어떤 '확정'이란 것은 있을 수 없습니다. 당신의 경이로운 상상력이 하느님이란 것을 안다면 당신은 당신이 소망하는 것과 상충되는 외부 세상의 것을 받아들이지 않습니다.

전 명예제대를 해서 군에서 나가기를 바랬습니다. 하지만 지휘관의 서명까지 마친 '불가'라고 적힌 서류가 제 손에 있었습니다.

그날 밤 동료들과 함께 막사에서 잠이 들 때 전 제가 뉴욕시의 아파트에 있다고 받아들였습니다. 징집됐을 당시 아내와 고작 몇 개월 된 딸아이를 두고 왔습니다. 저는 제가 집에 있다고 상상했습니다. 아내가 침대에 있었고 저도 그곳에 있었고 아이는 저 편의 아기침대에 있었습니다. 저는 제 아파트 이 방, 저 방을 걸어다니는 것을 상상했습니다. 그리고 저에게 매우 친숙한 것들을 만져보기도 했습니다.

창을 통해 보니 워싱턴 스퀘어가 보였고, 오른쪽을 보니 식스에비뉴가 보였습니다. 다시 방으로 돌아와 거기에 머물렀습니다. 이것들은 제가 상상속에서 한 것이지만, 전 이것들에 현실과 같은 분위기를 주었습니다. 감각의 생생함을 주었습니다. 이 상상을 현실처럼 만들어놨기 때문에 저는 뉴욕시의 제 아파트에 실제 있다고 느꼈습니다. 휴가로 그곳에 있는 것이 아니라, 명예제대를 했기에 그곳에 있다고 확신했습니다.

새벽 4시가 되었을 때 눈 앞에 제가 대령에게서 받았던 '불가'라고 적힌 것과 같은 서류가 보였습니다. 이것을 보고 있는데, 펜을 들고 있는 손이 나타나 '불가'라고 적힌 글자를 줄을 그어 삭제하더니, '승인'이라는 굵은 글씨를 적었습니다. 그러더니 어디선가 음성이 들려왔습니다. "다 이루었다. 다 이루었다. 아무것도 할 필요 없다."

9일 동안 아무것도 하지 않습니다. 그러다 10일이 되었을 때 예전에 저를 불렀던 대령이 다시 저를 호출했습니다. 그는 긴 대화 끝에 이렇게 말했습니다. "자네의 상관에게 돌아가 다른 신청서 하나를 작성하라고 말하게." 이것이 저에게 일어났던 일입니다. 지휘관은 승인했고 그날 저는 명예제대를 한 채 기차에 몸을 싣고 뉴욕으로 돌아왔습니다.

제가 했던 일은 상상속에서 상상을 하고는 그것이 사실이라 믿은 것이기 때문에 오늘까지 그 누구도 제가 했던 일을 알지 못합니다. 전 상상이 현실을 창조한다는 것을 믿었기에 당연히 명예제대를 한 채 군인이 아닌 시민으로서 제 아파트에 사는 상상을 했습니다. 이것은 9일이 지나서 이루어졌습니다.

만일 여러분이 직접 하기만 한다면 저런 상상의 성공담은 수백 개 이상으로 늘어날 것입니다. 우리가 바로 저 힘을 움직이는 자입니다. 정부와 사이가 틀어지고, 목표를 위해 투쟁을 하고 이런 외부적인 싸움은 불필요합니다. 저에게 들렸던 음성은 이렇게 말했습니다. "다 이루었다. 다 이루었다. 아무것도 할 필요가 없다."

이 음성은 어디에서 들려온 걸까요? 제 안입니다. 외부에서 들리는 소리와 같았지만 그것은 제 안에서 나온 소리였습니다. 모세에게 들려왔던 "나는 나라고 인식하는 자이다."라는 목소리도 외부에서 들려왔지만 실은 내부에서 속삭였던 것입니다. 성경에서는 분명 우리가 살아 계신 하느님의 사원이라고 말해지며, 하느님의 영이 우리 안에 머문다고 하는데, 제가 어떻게 다른 곳에서 그 소리를 들을 수 있겠습니까?

전 모두가 하느님을 믿기를 바랍니다. 하지만 하느님은 여러분 바깥에 계신 어떤 존재가 아닙니다. 하느님은 당신의 경이로운 인간의 상상력입니다. 다른 신을 지니고 있다면 잘못된 신을 지니고 있는 겁니다. 항상 당신의 상상력을 이 세상의 사람들을 위해 사용하세요. 이걸 하는 데 돈이 드는 것도 아니고 누구를 해치는 것도 아닙니다. 해본다면 누구에게도 해가 되지 않으면서 당신은 당신이 원하던 모습의 남자, 당신이 원하던 모습의 여자가 된 자신을 보게 될 겁니다. 당신은 당신의 모든 꿈을 이루게 될 것입니다.

그러면 "믿는 자에게는 모든 것이 가능하다."라는 구절이 문자 그대로의 진실이었다는 것을 알게 될 것입니다. 왜냐하면 하느님에게는 무엇이든 가능한데 당신이 그 하느님을 찾았기 때문입니다. 당신은 당신의 경이로운 인간의 상상력인 하느님을 발견한 것입니다.

성경은 세상에서 가장 위대한 책입니다. 성경은 상상력을 이 세상 모든 이를 위해 아름답게 사용하라고 당신에게 가르치고, 당신에게 말하고, 당신을 독려합니다. 만일 당신 자신이 누구인지 안다면 어떤 목적이라도 반드시 이루게 될 것입니다.

바깥 세상의 신은 당신을 돕지 않을 겁니다. 저 바깥 세상의 신은 없습니다. 신은 실제로 말 그대로 인간이 되었습니다. 그 이유는 인간을 신으로 만들기 위해서입니다. 하느님이 그저 인간인 척 흉내내는 것이 아닙니다. 말 그대로 인간이 되었고, 자신에게서 신성한 힘을 비워낸 후 인간의 한계와 제약을 자신에게 취했습니다. 자신을 인간이라고 보았기에 그분은 이제 인간의 모든 나약함에 종속되어 있습니다. 하지만 결국에는 자신이 누구인지를 기억하게 됩니다. 그러면 자신이 누구인지를 기억하게 된 자는 자신의 경험을 형제자매들과 나눕니다. 우리 모두가 하나이기 때문입니다. 오직 한 분의 하느님이 있을 뿐이고, 그분은 인류라 불리는 조각난 모든 상태들 안에 묻혀 있는 한 분의 하느님입니다.

만일 당신이 이 세상에서 무엇을 원하는지 정확히 알고 있으며 당신이 그것을 가지고 있다고 사실로 받아들이려고 한다면 마치 그것이 사실인 것처럼 오늘 밤 잠드세요. 당신이 얻은 행운에 축하를 보내는 친구들의 마음속 영상을 만들어보세요. 그렇게 행동하는 친구들을 보세요. 이것에 대해 어떤 사유도 붙이지 말고, 그저 사실로 받아들이세요. 그러면 세상에서 이 장면을 보게 될 것입니다.

어떤 카톨릭 성경은 다음 구절을 가장 잘 번역했습니다. 로마서 17장 4절입니다. "하느님은 보이지 않는 것을 마치 보이는 것처럼 부르니, 보이지 않는 것이 보이게 되었더라." 개신교 성경인 킹제임스와 개역표준성경에서는 모두 "그분이 존재하지 않는 것을 존재하는 것으로 부르더라."고 번역했습니다. 전 이 부분에 동의할 수 없습니다. 제게는 모든 것이 존재하기 때문이죠. 모든 것이 인간의 상상력 안에 존재하기에 그걸 존재하는 것으로 부를 필요는 없습니다. 전 존재하게끔 원하는 것이 있으면 이미 존재하는 그것을 선택할 뿐입니다. 그렇다고 이것이 존재하지 않는 것을 존재하는 것으로 불렀다고 말할 수는 없습니다. 왜냐하면 이것은 정말 이미 존재하는 것이기 때문입니다. 단지 유한한 눈에는 보이지 않아서, 이것을 보이게끔 불러낼 뿐입니다.

　이 눈에 보이지 않는 상태들은 의식의 상태들이며, 이것들은 실제로 존재합니다. 이것들 모두 지금 우리와 함께 있습니다. 여러분과 저는 마치 순례자가 여러 도시들을 순례하듯, 이 상태들을 여행하고 있습니다. 순례자는 한 도시를 떠나 다른 곳으로 가지만, 이 도시는 여전히 남겨져 있습니다. 우리도 이렇게 상태들을 여행하고 있습니다. 우리는 가난의 상태들을 지나쳐 갈 수 있습니다. 가난의 상태는 사라져버리는 것이 아니라, 누구라도 들어올 수 있게 그곳에 남아 있습니다. 우리는 잠깐 그곳에 머물러 본 후에 그곳이 싫다면 가난이라 불리는 상태에서 나갑니다. 하지만 그 상태는 허물어지는 것이 아닙니다. 그 상태는 모든 사람들이 들어올 수 있게 그곳에 그대로 있습니다.

　간혹 자신을 한탄할 때가 있는데 그러면 순식간에 자신이 원하지 않는 하나의 상태에 들어가게 됩니다. 하지만 이것을 자신이 하나의 상태에 있어서 그렇다는 것으로 인식하지 못하고, "내가 왜 이러지?"라고 묻습니다. 당신은 그저 하나의 상태에 있는 것뿐입니다. 타인이 어떤 상태에 있다고 비난하지 마세요.

그건 그냥 상태일 뿐이고, 당신은 그 상태를 없애거나 무너뜨릴 수 없습니다. 그 상태는 우주의 영구적인 고정체로서 그곳에 계속 있습니다.

하지만 당신은 그 사람을 그 상태에서 꺼낼 수 있습니다. 그 사람이 되고 싶어했던 모습이 된 것으로 나타내서 당신 마음의 눈에서 그런 모습이 된 그를 보십시오. 그가 이전에 있었던 상태는 다른 사람이 의식적이든 무의식적이든 들어갈 수 있게 남아 있게 될 겁니다. 우리는 모두 상태들을 옮겨가고 있습니다. 당신은 당신이 원하는 곳 어디든 갈 수 있다는 것을 알게 됩니다. 원하는 곳에 갈 수 있는 것은 부자의 전유물이 아닙니다. 상상할 수 있는 자들의 전유물입니다.

저에게는 군대에서 빠져나가게 해줄 세상의 권력이나 배경이 없었습니다. 하지만 커다란 돈이 필요하거나 사회적, 경제적인 거물이 필요했던 것도 아닙니다. 제게 필요했던 단 한 가지는 '내가 그'라는 것을 기억하는 것이었습니다. 시편 46장에서 "고요하라. 그리고 알라. 내가 하느님임을."이라고 말하고 있지 않습니까! 우리 인간은 "우리가 그렇게 오만해질 수는 없다."라고 말할지도 모릅니다. 좋습니다. 그렇게 오만해지고 싶지 않다면 지금의 상태에 그냥 머물면 됩니다. 이 상태는 당신이 이곳에 얼마나 오랜 기간 머무는지 상관하지 않습니다. 요람에서 무덤까지 머물 수도 있습니다. 상태는 그런 것에 개의치 않습니다. 다만 당신이 하나의 상태에 머물게 되면 당신은 이 상태에 빛을 밝혀서 그것의 과실을 수확하게 될 겁니다.

그런데 이것들이 단지 상태란 것을 안다면 보다 바람직한 상태를 골라서 들어가십시오. 상태에 어떻게 들어갑니까? 분위기가 좌우합니다. 처칠은 우리에게 "미래가 분위기를 결정하기보다, 분위기가 사람들의 미래를 결정한다."고 말했습니다. 그는 자신이 무슨 말을 하고 있는지 알았습니다. 미래는 분위기를 결정짓지 못합니다. 분위기가 미래를 결정합니다.

전 소망이 성취된 느낌을 취할 겁니다. 앤서니 이든은 "사실로 받아들인 것은, 그것이 아무리 거짓일지라도 계속 고집하면 사실로 굳어질 것이다."라는 말을 했습니다. 이분도 영국의 총리였습니다. 그리고 또 다른 영국의 총리 디즈레일리는 이런 말을 남겼습니다. "인간은 환경의 희생자가 아니라, 인간이 환경을 창조한다." 어떤 환경을 창조하는지는 전적으로 나에게 달렸습니다. 단지 하나의 분위기를 취해 하나의 상태에 들어가면 됩니다. 무엇을 바라는지 숙고해봅니다. 그리고는 나 자신에게 이런 질문을 던집니다. "이것이 사실이라면 어떤 느낌일까?" 만일 이것을 사실이라고 받아들일 수만 있다면 성공으로 가는 길에 들어선 것입니다. 소망이 성취된 느낌, 이것을 잘 유지한다면 당신은 성공을 향해 발걸음을 옮기게 됩니다.

고귀한 꿈을 꾸세요. 그리고 현재 상태로 자신을 한계 짓지 마세요. 이건 단지 상태일 뿐입니다. 당신, 지금 현재의 상태를 차지하고 있는 당신이란 사람은 이 세상에 있는 사람들 모두와 본질적으로 같습니다. 세상에는 오직 하느님밖에 없고 어떤 상태든 그것을 차지하고 있는 이는 하느님입니다. 수십조를 가진 사람은 막대한 부의 상태에 있는 것일 뿐이고, 이 상태를 차지하고 있는 사람도 당신이란 존재와 같습니다. 둘 다 같은 하느님입니다. 세상에는 오직 하느님밖에 없습니다.

아주 건강한 사람과 건강하지 못한 사람, 이들도 같은 존재입니다. "내가 ~라면 어떨까?"라는 간단한 질문을 해보세요. 그리고 그 분위기를 잡아내세요. 당신이 그 분위기를 잡아냈다면 미래는 따라옵니다. 우리는 항상 증거에 앞서서 먼저 믿어야 합니다. 증거가 나타나기를 기다리지 마세요. 당신의 믿음은 증거보다 앞섭니다. 분위기를 통해 그 믿음을 잡으세요.

이 세상의 모든 것들은 예외 없이 상상이 먼저였습니다. 당신이 입고 있는 옷, 우리가 지금 살고 있는 건물, 이것들 모두는 먼저 상상이었습니다. 이 상상들은 세상에 나온 증거들보다 앞섭니다. 하지만 어떤 사람들은 "하지만 돌이며 나무는 그렇지 않았다."고 말할지도 모릅니다. 그런데 그렇지 않습니다. 이것들 역시 당신 존재의 깊은 곳에서 모두 상상되었고 물질의 표면으로 나온 것입니다.

당신은 인간이 상상했던 것의 증거를 볼 수 있습니다. 인류는 달에 도착하는 방법을 찾기 전에 달에 가는 것을 먼저 상상했어야 합니다. 상상하지도 않았는데 현실로 나타난 것은 세상에 없기 때문에 세상의 모든 것은 현실이 되기 전에 먼저 여러분과 제가 상상을 해야만 합니다.

객관적인 현실은 오직 상상을 통해서 만들어질 뿐입니다. 당신은 당신 자신이나 가까운 사람들을 위해 보다 고귀한 세상을 지금 상상할 수 있습니다. 상상은 현실을 창조할 것이기 때문에 당신이 상상하고 그것이 현실이라 믿는다면 그렇게 될 겁니다. 하느님은 상상을 통하여 창조하고 있고, 상상할 수 있는 우리 인간은 하느님이기에 우리가 하고 있는 것은 창조행위입니다.

세상을 보면서 우리가 상상이란 것을 통해 무슨 일을 저질렀는지 보십시오. 우리는 우리가 무슨 일을 하고 있는지 몰랐기 때문에 이런 것들을 창조했던 겁니다. 신문 1면을 보면 세상의 가장 끔찍한 일이 나와 있는데 이건 인간의 상상력이 만들어낸 것일 뿐입니다. 이런 것들을 창조할 필요는 없었습니다. 하지만 우리 인간은 상상력을 통제하지 못했기에 아침, 점심, 저녁으로 계속 이런 끔찍한 것에 영양분을 주었습니다. 당신의 경이로운 상

상력을 조절하는 법을 배우십시오. 당신이 이렇게 할 때 이 땅
위에 하늘나라가 세워질 것입니다.

지금 마음속에서 자신에게 어떤 말들을 하고 있는지 알아차리십시오. 기계적이고 무의식적으로 받아들이는 것을 멈추십시오. 당신이 지금 듣고 있는 것은 당신이라는 존재를 통해 걸러진 것들입니다. 당신이 어떤 존재인지에 따라 당신이 듣고 있는 것도 달라집니다. 자애로운 생각들은 자애로운 사람에 의해 만들어진 자애로운 관념들에서 나옵니다. 서로 용서하면서 타인에게 자애로운 마음, 부드러운 마음을 지니십시오.

　믿음은 신비 중에 최상의 것이라 불리며, 오직 당신만이 만들 수 있습니다. 당신이 보고 있는 세상은 거기에 실제 무엇이 있느냐에 따라 결정되는 것이 아니라, 당신이 어떤 믿음을 갖고서 세상을 바라보느냐에 따라 결정됩니다.

　　[리액트] 중에서

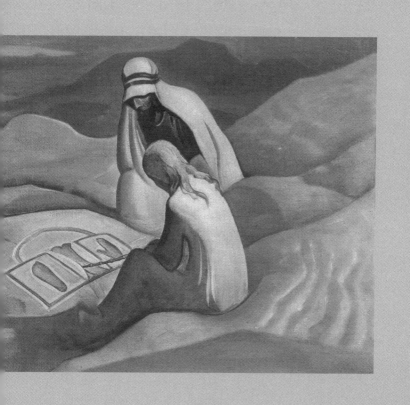

MENTAL TRACKS
마음의 트랙

당신이란 한 사람은 하느님 정원 중심에 있는 포도나무이며
당신 세상에 있는 사람들 모두는 이 포도나무의 가지들입니다.
중앙의 포도나무인 내가 나의 정원에 있는 가지들에 물을 주면
나 역시 그 물을 받게 됩니다.
나 자신에게 물을 줄 필요는 없습니다.
왜냐하면 그저 하느님의 에덴에 있는 수많은 정원들을 돌보면
나 역시 물을 받게 되기 때문입니다.

　다시 삶이 주어진다고 해도 지금처럼 살겠다는 생각이 들 정
도로 원하는 인생을 살고 있나요? 그렇게 살고 있지 않다면 지
금 바로 시작하십시오. 다음 생이 바로 이 생이기 때문입니다.
당신이 깨어나서 이 삶의 트랙을 바꾸지 않는다면 영원히 똑같
은 길을 걷고 있을 겁니다. 다시 태어나도 살고 싶은 모습으로
이 삶을 살고 있지 않다면 지금 바로 이 트랙에 개입해서 새로

운 트랙을 놓으십시오.

제가 보았던 비전을 여러분에게 말해보겠습니다. 침대에 누워 있을 때 내면의 눈이 떠졌고, 가벼운 작업복 차림의 한 남성이 큰 도시의 보도 위를 걷고 있는 것을 보았습니다. 석탄이 막 운반된 맨홀에 그가 도착했을 때 손에서 무언가를 떨어뜨렸고 허리를 굽히면서 커다란 석탄덩어리를 집었습니다. 이때 제가 보던 내면의 영상은 사라졌습니다.

다시 내면의 영상에 집중했을 때 그건 앞서 봤던 장면의 앞부분이었습니다. 또 다시 보도를 따라 걸어 내려오는 남자가 보였습니다. 그 남자가 맨홀에 다다르자 무언가를 떨어트렸고, 허리를 굽혀 이전에 했던 것처럼 석탄 한 덩이를 집었습니다. 모든 장면이 세세했습니다.

같은 장면을 두번째 봤을 때 전 속으로 "저 장면은 조금도 변하지 않았네."라고 생각했습니다. 집중이 다시 흐트러졌다가 다시 내면의 영상에 집중했을 때, 또 다시 그 장면의 앞 부분이었습니다. 이제는 그 남자에게 일어날 일을 예견할 수 있었습니다. 전 그 남자가 맨홀까지 와서 언제 무슨 행동을 할지 정확히 알고 있었습니다. 남자는 무언가를 떨어뜨릴 거고, 그걸 줍지 않고 석탄을 집을 겁니다. 저는 그가 맨홀 안을 들여다보고 나서 밑의 누군가가 봐서 그런지, 아니면 스스로 마음을 고쳐먹은 건지 모르겠지만 마음을 바꿀 것이란 걸 알았습니다. 어쨌든 그 남자가 무엇을 할지 세세하게 알았습니다.

우리는 트랙을 따라 걷고 있는데, 그것은 영원합니다. 단지 시간의 변화만 있을 뿐 다음 삶도 지금의 삶과 다르지 않습니다. 당신은 그저 지금을 또 연기하게 될 뿐입니다. 그러니 지금 걷고 있는 트랙이 자랑스럽지 않다면 지금 바로 당신의 삶을 바꾸십시오.

당신이 인생을 바꿀 수 있는 시스템은 이렇습니다. 당신은 무한하고 영원한 에너지 앞에 계속 서 있는 중입니다. 이 에너지를 통해 만물이 나오지만 이것들은 하나의 패턴을 따라 흐릅니다. 에너지는 일정한 패턴 속에서 움직이고, 당신이 내면의 대화를 이용하여 당신 안에 트랙들을 놓는 방법으로 이 패턴은 결정됩니다. 제가 마음이라 부르는 에너지는 인간 내면의 대화로 놓인 트랙을 따라갑니다.

내면에서 이루어지고 있는 대화가 본래 했어야 하는 대화가 아니라면 바꾸세요. 이상이 실현되었다는 전제에서 내면의 대화를 시작하세요. 당신의 지금 모습이 본인이 바라던 이상적인 모습의 남자나 여자가 아니라면 당신이 이미 그 모습이 되었다고 받아들인 후 친구와 대화를 나누십시오. 당신은 친구들이 당신을 어떤 모습으로 봤으면 하는 것이 있을 겁니다. 친구들이 그렇게 당신을 보고 있게 하십시오. 이 내면의 대화들은 정말 미래에 일어날 일들을 배양하고 있는 토양입니다. 이것들은 새로운 트랙을 내려놓을 것이고 그러면 언제나 흐르는 에너지는 이 트랙들 위를 흐를 것입니다. 그때 당신 삶의 환경과 조건들은 바뀌기 시작합니다. 당신이 만일 새로운 트랙을 놓지 않는다면 전 당신의 삶을 예언할 수 있습니다. 당신은 이전에도 지금과 같은 행동을 했다는 것을 잊은 채 계속해서 지금과 같은 삶을 반복하고 있는 자신을 보게 될 것입니다.

만일 제가 가진 내면의 비전을 당신도 보게 할 수 있다면 당신은 이 방이 솟아올라가는 모습을 볼 수 있을 겁니다. 모든 것이 3차원 커튼처럼 올라가고 있으면서도 여전히 그대로 남아 있습니다. 매순간 이 전체는 다 올라가고 있습니다. 하지만 그건 우리 눈에는 여전히 그대로 남아있습니다. 외형적으로는 아무 일도 일어나지 않은 것 같습니다. 하지만 내면의 눈이 떠진다면 모든 것이 3차원으로 올라가고 있는 것을 보게 됩니다. 그래서 어떤 사람이 이 트랙 위를 건너갈 때면 그는 자신이 전에 그곳을 걸었다는 것을 전혀 기억하지 못합니다.

당신이 깨어났으면 하는 바람에 이 메시지를 전합니다. 인간은 꿈에서 깨어나야만 합니다. 우리는 이 꿈속에서 마치 자동으로 움직이는 기계와 같습니다. 우리가 깨어나면 예전의 그 사람이 아닙니다. 새로운 존재, 새로운 인간으로 깨어납니다.

새 인간은 새로운 대화의 인간입니다. 에베소서에서는 "예전 대화를 내려놓으라. 그것들은 부패한 옛 인간의 것이다. 그리고 네 마음을 변화시켜 새 인간을 입으라."라고 말합니다.

새 인간이란 단어는 새 말들이란 단어로 바꿀 수 있습니다. 새 인간은 오직 친절한 말들만 합니다. 그는 어떤 불쾌한 생각들을 할 수 없으며, 심지어 불쾌한 것들을 들을 수조차 없습니다. 이렇게 한다면 당신은 주 예수 그리스도를 깨우고 있는 겁니다. 주 예수 그리스도는 당신의 경이로운 상상력입니다. 당신의 상상력을 다른 이들을 위해 아름답게 사용할 때면 당신은 말 그대로 내면 인간을 깨우고 있는 것이며 하느님과 인간 사이를 연결하는 것입니다. 만일 누군가를 아름다운 모습으로 보고 있다면 난 그 사람과 접촉하는 것이고, 하느님은 그를 향해 흐릅니다.

당신 자신을 아주 멋진 폭포 밑에 있는 것으로 상상하세요. 물은 당신에게 흘러와서 당신을 통과합니다. 자, 이제 이 물이 당신으로부터 다른 사람들에게 흐르고 있는 것을 보십시오. 제가 이렇게 말하는 것은 이것이 진실이기 때문입니다. 우리는 지금 에덴에 있으며 잠들어 있습니다. 깨어나길 원한다면 이렇게 해야 합니다.

당신을 물이 뿜어져 나오는 중심으로 생각해보세요. 세상 모두는 당신 안에 뿌리내려 있고 당신 안에서 끝이 납니다. 마치 내가(I AM) 하느님 안에 뿌리내려 있고 하느님 안에서 끝나는 것처럼 말이죠. 당신은 하느님의 정원에 있고, 그곳이 에덴입니다. 세상 사람 모두가 이 정원에 터를 갖고 있습니다.

내 정원에 있는 친구의 터를 봅니다. 전 그곳에서 어떤 이들은 건강이라 부르고, 어떤 이들은 풍요라 부르는 나무를 봅니다. 고귀한 나무가 있고, 심지어 이상적인 나무가 있습니다. 이 나무들은 물을 필요로 하기 때문에 물이 없다면 시들어 버릴 것입니다. 그래서 전 이 나무들에게 물을 줍니다. 그리고 내 마음의 눈 안에서 이전에는 말라버렸던 식물에 잎사귀가 나는 것을 봅니다. 이제 나무에 과실이 열린 것을 봅니다. 친구가 세상 어디에 있든, 제가 친구의 정원(그것은 실제로는 나의 정원)에 물을 주면 그는 나무에서 열매를 맺고 풍성해지기 시작할 것입니다.

당신은 이 나무에 이름을 붙입니다. 당신의 친구는 사람들에게 환영받지 못한다고 느끼나요? 나무에 이름을 붙이고, 그것을 향해 물이 흐르게 하십시오. 정원에서 나무가 건강하게 자라는 것을 보십시오. 잎이 나오고 열매가 열리는 것을 보십시오. 그러면 친구가 어디에 있든지 친구는 사람들에게 환영받기 시작할 겁니다. 만약 친구가 실직상태에 있다면 고용의 나무가 잎과 열매를 풍성하게 맺는 것을 보십시오. 그러면 친구는 직업을 얻고 돈을 벌게 될 겁니다.

쓸데없는 말을 하고 있는 것이 아닙니다. 모두가 할 수 있고 해야만 합니다. 타인 정원의 나무에 물을 줄 때면 당신은 하느님의 영원한 정원 속에 있는 당신 정원에 물을 주는 겁니다. 그렇기에 우리 모두는 "나는 포도나무요, 그대들은 가지들이다."라고 말할 수 있습니다.

당신이란 한 사람은 하느님 정원 중심에 있는 포도나무이며 당신 세상에 있는 사람들 모두는 이 포도나무의 가지들입니다. 중앙의 포도나무인 내가 나의 정원에 있는 가지들에 물을 주면 나 역시 그 물을 받게 됩니다. 나 자신에게 물을 줄 필요는 없습니다. 왜냐하면 그저 하느님의 에덴에 있는 수많은 정원들을 돌보면 나 역시 물을 받게 되기 때문입니다. 나는 나의 정원에 있는 세상 모든 사람들의 포도나무를 돌봅니다.

세상 모든 이들을 축복하는 일을 해보세요. 결국에 우리의 눈은 떠지고 귀는 열리며 내부 인간은 깨어납니다. 그때 항상 우리 곁에 있어왔지만 잠에 빠져 있는 우리는 그 동안에는 보지 못했던 가장 영광스러운 세상을 보게 될 것입니다.

이 말을 진지하게 받아들이세요. 당신의 다음 삶은 지금의 삶일 것입니다. 지금 삶을 당신이 원하는 모습으로 만드세요. 만일 그렇게 하지 못한다면 똑같은 트랙을 돌며 이 삶을 자동적으로 반복하고 있는 자신을 또 보게 될 것입니다. 당신을 제 내면으로 데려와서 제가 보는 내면의 눈으로 보게 할 수만 있다면 당신은 세상 모든 사람들이 자동로봇처럼 잠들어 있다는 것을 알게 될 것입니다. 그렇습니다. 그들 육체의 눈은 떠져 있고 그들은 깨어 있는 것처럼 보이지만 실은 깊은 잠에 든 채, 계속 같은 행동만을 반복하고 있는 중입니다.

"깨어나라! 오, 잠든 자여. 꿈의 땅으로부터." 당신이 깨어나게 되면 깨어난 인류의 모임에 들어가게 됩니다. 제 스승인, 나이가 지긋했던 압둘라는 그들을 '형제들(The Brothers)'이라고 불렀습니다. 당신이 깨어날 때 당신은 신성한 자의 모습이기 때문에 영광된 존재가 됩니다.

오늘 바로 시작하세요. 오늘 바로 교정의 기술을 배우세요. 하루의 끝에 그날을 다시 회고해봅니다. 만일 그 중 마음에 들지 않는 일이 생겼다면 그 부분을 다시 써봅니다. 다시 썼다면 그것을 연기해보세요. 이렇게 다시 연기했다면 과거를 바꾼 것입니다. 이 순간은 과거로 사라져버리는 것이 아닙니다. 항상 미래로 나아가 다시 당신 앞에 나타날 것입니다.

어제는 오늘의 미래입니다. 당신은 어쩌면 단지 과거일 뿐이라고 생각할지도 모릅니다. 하지만 시간의 순환고리를 통해 그것이 그렇지 않다는 것을 알게 될 겁니다. 당신이 깨어나기 시작할 때 당신의 미래에서 과거를 마주치게 된다는 것을 알게 될 것이고, 만일 이것을 바꾸지 않는다면 계속 과거를 반복하고 있는 자신을 보게 될 것입니다. 그러면서도 자신은 이 반복이 처음이라고 생각하면서 말이죠. 전 여러분이 깨어난 인류의 형제단에 들어갈 수 있도록 깨어났으면 합니다.

인간에게는 태어날 때 두 가지 선물이 주어진다고 합니다. 지금 제가 말하는 태어남은 어머니의 육신의 자궁에서 나오는 작은 태어남을 뜻하는 것이 아니라, 내 아버지의 자궁, 거대 자궁, 창조의 자궁을 나오는 것을 말합니다. 세상이 창조되기 전, 그분은 나를 창조해 완벽하게 만들었습니다. 그분은 나를 교육하려는 목적으로 나를 세상이란 곳으로 보냈습니다. 이때 두 가지 선물을 줬습니다. 하나는 그분의 마음이라는 선물이고 다른 하나는 말이라는 선물입니다. 하느님이 세상을 창조할 때 사용했던 두 가지입니다.

이 선물을 지혜롭게 사용한다면 나의 소망이 모두 성취된 곳으로 인도될 겁니다. 계속해서 이 선물을 지혜롭게 사용한다면 세상 사람들이 내가 죽었다 말할 때 나는 이 육신을 떠나 두 가지 선물을 현명하게 사용해 다른 차원으로 들어갑니다. 내가 깨어난다면 반복의 고리를 끊고 그것을 넘어 영원의 세계로, 축복받은 이들이 있는 곳으로 올라갈 것입니다. 하지만 이 선물들을 현명하게 사용하지 못한다면 깨어날 때까지 시간의 반복되는 고리 안에서 잠의 순환을 계속해서 반복하게 됩니다. 하지만 나는 언젠가는 그분의 아들의 모습과 같아질 운명이기 때문에 이 순환의 고리를 끊고 나오게 될 때가 반드시 옵니다.

저는 우리 모두가 깨어날 것이란 걸 전혀 의심하지 않습니다. 그렇다면 이 깨어나는 작업을 지금 시작해보는 것이 어떻습니까? 교정의 기술을 통해 지금 시작하세요. 당신이 거대한 폭포라는 것을 기억하면서 친구들에게 사용해보세요.

성경에서 물이란 단어는 진리를 뜻합니다. 내가 마음의 눈으로 누군가를 보면서 그가 자유롭게 된 것을 본다면 난 그를 자유롭게 만들 수 있는 유일한 진리를 주고 있는 겁니다. 이 물이 실제로 친구의 나무를 향해 가는 것을 상상하면서 그렇게 물을 준다면 나뭇잎이 생겨나기 시작해, 자유롭고 건강하고 안정되고 사랑받게 된 그를 보게 됩니다. 그러면 나는 저 나무들이 내 정원에서 멋지게 자라고 있는 것을 알게 됩니다. 그의 나무에 내가 물을 주는 일을 하면 그가 이득을 얻게 될 뿐 아니라 나 역시 깨어나게 될 것이기에 나 또한 유익함을 얻게 될 것입니다.

모든 사람들이 했으면 합니다. 당신은 죽은 이후에나 어떤 기적 같은 일이 일어날 것이라 생각하면서 그때를 기다리고 있을지도 모릅니다. 하지만 변화의 힘은 전부 지금 우리 안에 있고 시간의 트랙을 변화시키려 합니다. 당신은 하루 동안 일어났던 일 중에 단지 한 순간을 바꿈으로써 시간 트랙에 관여합니다. 그 순간으로 돌아가서 그 순간을 교정하고 그렇게 교정된 모습으로 다시 그 장면을 연기하세요. 그리고 이것이 현실과 같은 분위기를 취할 때까지 상상 속에서 계속해서 반복하세요. 이것이 현실과 같은 분위기를 자아낸다면 당신은 미래를 바꾼 겁니다. 또 다른 장면을 잡아서 바꾸세요. 작은 사건들과 아주 작은 경험들까지 바꾸는 것을 계속 하세요. 그래서 이것들을 보다 이상적인 경험으로 만든 후에 다시 체험하십시오.

해보십시오. 그런 후 내면 인간이 깨어났을 때 당신은 마치 기계처럼 자동적으로 움직이는 세상을 보게 될 것입니다. 당신은 사람들이 지금도 예전에 했던 일들을 계속 반복해서 하고 있고 시간의 순환 속에서 앞으로도 계속하게 될 것임을 알게 될 것입니다. 이 반복은 하느님이 죽은 자로부터 깨어나서 일어날 때 멈추게 됩니다. 성경에서는 "그대 잠든 자여 깨어나 죽은 자로부터 일어서라."고 말합니다.

잠이라 불리는 상태는 죽음과 유사합니다. 탕아인 둘째 아들은 아버지에게 돌아왔다고 합니다. 아버지는 이렇게 말했습니다. "잃어버렸던 그를 찾았고, 죽었던 그는 다시 살아났다." 삶의 목적은 깨어나고 일어나는 것입니다. 재산을 모으는 것이 목적이 아닙니다. 물론 당신이 하고자 한다면 그럴 수 있겠지만 그것 자체가 목적은 아닙니다. 당신은 유명해지고자 하면 그럴 수 있지만 그것 또한 목적이 아닙니다. 진정한 목적은 잠의 상태에서 깨어나는 것입니다. 저는 여러분들이 얼마나 기계적이고 자동적으로 현재 살고 있는지 말하고 있습니다. 교정의 기술이 여러분을 잠의 상태에서 깨어나게 하는 최고의 방법이란 것을 압니다.

모든 사람들이 제 말을 진지하게 생각해봤으면 합니다. 이 말이 당신에게 다소 신비롭게 느껴지더라도 어쩔 수 없습니다. 제가 여러분을 깨우기 시작할 때 아버지가 저에게 주었던 음식을 당신에게 주어야 하고, 이것이 제가 여러분에게 줄 수 있는 유일한 것임을 알고 있기 때문입니다. 그분은 새로운 생각들이란 음식을 제게 주었고, 그분은 제 가치를 바꿔놨고, 그분은 제 세상의 모든 의미들을 바꿔놨습니다. 이제는 제 삶의 어떤 것도 지난날과 같은 의미를 지닌 것은 없습니다. 제 가치들은 다 바뀌었습니다. 더 이상 재산이나 이름이나 명예에 가치를 두지 못합니다. 당신이 깨어날 때 당신의 모든 가치들은 바뀝니다. 그러면 그때 당신은 내면에서 새롭고 경이로운 세상을 보기 시작합니다.

우리가 지금 살고 있는 세상이 제가 말하는 정원이고 이것이 유일한 진짜 정원입니다. 우리가 지금 보고 있는 이 아름다운 객관세계는 추방된 사람들이 모여 있는 망명지가 아닙니다. 이건 우리 아버지의 살아 있는 의복입니다. 당신 세상의 모든 것들은 당신 마음의 활동과 매우 친밀하게 연관되어 있습니다.

만일 당신은 당신 내면에서 일어나는 활동들을 잘 알아차렸다면 만물이 당신의 상상력과 연관되어 있다는 것을 알았을 겁니다. 당신이 잘 관찰했다면 내면에서 일어나는 활동들이 당신 삶의 상황들과 환경들로 투사되는 것을 볼 수 있습니다. 그 활동을 변화시키십시오. 그러면 당신은 당신이 살고 있는 세상을 변화시키게 됩니다. 내면의 대화는 당신 마음의 모습을 비추고 있고 당신 마음은 하느님의 모습을 비추고 있기 때문에 당신 내면의 대화를 바꿈으로써 내면에서 일어나는 활동들을 변화시키게 됩니다. 당신의 환경들이란 오직 당신 마음의 내부 활동을 나타낼 뿐이기 때문에 이 활동을 바꾸지 않는다면 삶의 환경을 바꿀 수 없습니다.

만일 당신이 살아왔던 세월을 반성하면서 "다시는 이렇게 살고 싶지 않다."고 생각한다면 지금 당장 삶을 바꾸기 시작해야 합니다. 왜냐하면 제가 확신하는 것은 당신의 다음 삶도 지금의 삶과 같다는 것이기 때문입니다. 지금 곰곰이 생각해봐서 "나는 지금처럼 살고 싶다"고 말하지 못한다면 오늘 당장 새로운 마음의 트랙을 놓으십시오. 그렇지 않다면 당신은 기존의 트랙 에너지 위에 서 있고, 이 길을 걷고 있는 것을 멈출 수 없기 때문입니다. 당신이 이것을 깨고 나오기 전까지는 시간의 순환고리가 당신을 계속해서 이전 행동으로 돌려놓고 돌려놓을 것입니다. 당신이 깨고 나오는 순간 당신은 깨어난 자들의 그룹에 들어가게 됩니다. 확실한 건, 당신은 지금 잠의 상태에서 만나는 어떤 사람들보다도 깨어난 상태에서 만나는 사람들을 보다 친밀하게 느낄 것이라는 사실입니다. 당신이 깨어났을 때 만나게 되는 깨어난 사람들만큼 친밀함을 느낄 수 있는 사람은 이 지상에 없습니다. 그들이 있는 곳에 가게 되면 당신은 그들과 섞여서 하나가 됩니다. 그렇다고 당신의 정체성을 잃는 것도 아닙니다. 오히려 당신은 더 거대한 개별성을 향해 계속 나아가고 있는 중입니다. 결코 흡수되어 당신의 정체성을 잃는 일은 없습니다. 하지만 당신이 깨어나게 되면 항상 당신의 존재였지만 실낙(失樂)이라는 잠에 빠져 망각하게 된 자신의 존재를 자각하게 됩니다. 내면 인간 안에는 외부 인간이 결코 만지지도 상처를 주지도 못하는 아름다운 이가 있습니다. 그리고 당신이 깨어날 때 그들은 그곳에서 당신을 만날 것입니다. 그들은 그곳에서 애타게 당신이 그 순환 고리를 깨기를 기다리고 있습니다.

저는 황금 실의 끝자락을 당신에게 쥐여주고, 그것을 공 모양으로 말아보라고 말하고 있습니다. 당신이 그렇게 한다면 그것이 당신을 예루살렘의 벽으로 만들어진 하늘나라의 문으로 인도할 겁니다. 여러분을 대신해 제가 그 일을 해줄 수는 없고 단지 매일 교정의 원리를 적용하는 것을 통해, 그리고 당신 내면의 활동을 관찰하는 것을 통해 황금 실의 끝자락을 둥글게 말아보기를 권하며, 그래서 내면의 활동에 상응하여 당신이 원하던 바깥 세상의 활동이 일어나는지 보길 바랍니다.

당신의 내면 대화를 유심히 살펴봤을 때 그 대화가 소망이 이루어졌다는 전제에서 쓰이고 있나요? 만일 그렇지 않다면 내면의 대화를 이 세상에서 당신이 나타내길 원하는 이상적인 모습으로 만드세요.

오늘 교정을 시작하세요. 반복의 순환고리가 끊어지기 시작하는 것을 보고 내면의 눈이 떠지는 것을 보십시오. 당신이 눈을 뜨게 되면 세상 어떤 것도 이렇게 눈을 뜨는 것보다 소중한 것은 없다고 느끼게 될 것입니다. 당신의 가치관, 삶의 의미는 변합니다. 그래서 당신은 세상의 모든 부를 다 갖다 줘도 그렇게 떠진 눈과는 바꾸지 않을 것입니다. 또 가장 위대한 사람에게 주어지는 세상의 찬사와도 바꾸지 않을 것입니다. 당신은 그런 위대한 사람들조차도 모두 깊은 잠에 든 채 반복의 트랙을 계속 걸으며 자신이 맡은 역할을 연기하는 것뿐이란 것을 알게 됩니다. 하지만 당신은 이것을 끊어낼 것입니다. 그리고 깨어난 자들의 경이로운 세계로 들어갈 것입니다. 그곳에서 당신은 영광된 존재들을 보게 됩니다. 그들은 당신이 깨어난 자들의 모임에 합류하기 전에 먼저 일원이 되었던 진짜 영광된 존재들입니다.

이곳에서 무슨 일이 일어났는지는
중요하지 않다.

다만 당신이 그것에
어떻게 반응했는지가 중요하다.

[리액트] 중에서

서른세개의계단 책들

네빌 고다드 5일간의 강의 [네빌 고다드 지음]

네빌 고다드가 1948년에 5일간에 걸쳐 한 강의와 청중들과의 질문과 대답을 묶은 책이다. 시크릿으로 대중화된 '현현의 법칙'을 보다 깊게 다루고 있다. 이론에 대한 자세한 설명과 현실에 적용할 수 있는 자세한 방법을 설명한다.

세상은 당신의 명령을 기다리고 있습니다 (양장본) [네빌 고다드 지음]

네빌 고다드가 첫 책으로 냈던, [세상은 당신의 명령을 기다리고 있습니다. 원제 *At Your Command*]와 8개의 일반 강의를 묶어서 책으로 출간했다. 마음의 법칙 전반을 다루고 있다.

네빌 고다드의 부활 [네빌 고다드 지음]

네빌 고다드의 7권의 책을 한권으로 묶었다. 그의 강의를 들었던 청중들이 보내준 많은 경험담과 '현현의 법칙'에 대한 원리를 자세하게 기술하고 있다.

믿음으로 걸어라 (양장본) [네빌 고다드 지음]

저자가 생전 중요하게 여겼던 성경의 구절들을 하나씩 풀이하여 엮었다. 마치 시처럼 한 문장 한 문장이 영혼에 닿는 듯, 읽는 이로 하여금 깊은 울림을 준다.

당신 안의 평화 (양장본) [조셉 머피 지음]

잠재의식의 힘으로 유명한 조셉 머피의 작품으로 요한복음 전체를 강의했다. 누구나 한 번씩은 접하는 성경이지만 성경에 숨겨진 상징을 알지 못하면 그 의미를 깨닫기 힘들다. 이에 조셉 머피가 한 문장 한 문장 그 숨겨진 의미를 밝힌다.

모줌다, 왕국의 비밀 (양장본) [모줌다 지음]

그리스도의 참뜻을 알리기 위해 인도에서 온 영적스승 모줌다. 그가 전해주는 쉽고도 간결한 그리스도의 메시지를 한 권의 책으로 묶었다. 동양의 지혜와 그리스도의 메시지가 모줌다에 의해 밝혀진다.

네빌 고다드 라디오 강의 [네빌 고다드 지음]

네빌 고다드가 로스앤젤레스 라디오를 통해 강연했던 자료들과 1968년이후 강연을 모았다. 이전까지의 책들이 '법칙'에 치중했었다면 이 책은 '법칙'과 '약속'을 적절히 잘 혼합했다. '약속'은 마치 꽃이 피어나듯이 우리 인간 안의 완벽한 자아도 삶과 경험을 통해 완벽하게 피어난다는 내용을 담고 있다.

웨이아웃 [조셉배너 지음]

1900년대 초중반 미국 영성계를 이끌었던 책이자, 엘비스 프레슬리를 비롯한 많은 이들이 꼽는 최고의 책이다. 조셉 배너는 자신의 책에서 말한 풍요의 법칙과 작은 자아를 초월한 삶(Impersonal Life)을 살았던 완벽한 모범이었다. 그는 책에서 모든 사람에게는 신성한 자아가 존재하고, 사람들의 산란한 마음으로 인해, 마치 구름이 태양을 가리듯 그것이 발현되지 못하고 있다고 말한다.

임모틀맨 1,2 [네빌고다드 지음]

임모틀맨은 네빌고다드가 세상을 떠나기 직전의 강의들을 마가렛 부름 여사가 묶은 책이다. 책에서는 우리가 삶이란 꿈을 원하는 모습으로 꾸는 방법인 '법칙'과 삶이란 꿈을 꾸고 있는 우리 내부의 거대한 자아가 깨어나는 '약속'에 대해 설명한다.

상상의 힘 [네빌고다드 지음]

네빌고다드의 소책자, Awakened Imagnation과 Search와 그의 음성강의 THE UNALLOYED, THE POWER, FEEL AFTER HIM 세개를 한권으로 묶었다. 과연 상상은 힘을 갖고 있을까? 론다번, 조 바이틀리 등이 가장 존경하는 인물로 꼽았던 20세기 최고의 형이상학자인 네빌고다드의 강연을 통해 다시 한번 그 질문에 대한 해답을 찾아본다.

네빌링 [리그파 지음]

저자가 네빌고다드의 강의를 읽고 삶에서 적용해본 것을 바탕으로 잠재의식과 상상의 법칙을 설명한다. 많은 실수를 고백하고, 그것으로 인해 새롭게 깨닫게 된 경험들을 기록했다.

클레멘트스톤의 절대 실패하지 않는 성공시스템 [클레멘트 스톤]

무일푼에서 미국 50대 부자가 된 클레멘트 스톤의 자전적 기록이다. 그는 자신의 자수성가의 비밀을 상상과 믿음이라고 말한다. 세일즈에서 경영에서 어떻게 그 비밀을 사용했는지 보여주는 책이다.

마음의 과학 (양장본) [어니스트 홈즈 지음]

미국의 신사상운동을 주도했던 홈즈는 종교과학이라는 단체를 설립하고, 체계적으로 자신의 학생에게 형이상학을 가르쳤다. 그 교과서가 된 책이다. 그는 이 책을 통해 인간이 왜 소우주라고 불리는지에 대한 이론적인 설명을 바탕으로, 현실에서 원리를 이용하여 문제를 해결하는 실천적 방법을 제시한다.

리액트 (양장본) [네빌고다드 지음]

이 책은 네빌고다드가 반응에 중점을 두고 강의한 것을 묶은 것이다. 반응은 우리의 삶을 옭아매기도 하고, 반대로 우리의 삶에 자유를 줄 수도 있다. 이 책을 통해 우리는 반응을 관찰해서, 바꾸는 법을 배울 수 있다.

책 내용에 관심이 있으신 분은 방문해주세요.

서른세개의 계단 블로그   http://33steps.kr

서른세개의 계단 유튜브

삶이란 꿈에서 깨어나다
임모틀맨 II

2024년 6월 6일 초판 3쇄 발행

지은이   네빌고다드
번 역   이상민
펴낸곳   서른세개의 계단 070.7538.0929
블로그   http://blog.naver.com/pathtolight
I S B N   978-89-97228-30-0 (13110)

잘못된 책은 바꿔 드립니다. pathtolight@naver.com